TRANZLATY

La Langue est pour tout le Monde

Jezik je za vse

L'appel de la forêt

Klic divjine

Jack London

Français / Slovenščina

Dans le primitif
V primitivno

Buck ne lisait pas les journaux
Buck ni bral časopisov.
S'il avait lu les journaux, il aurait su que des problèmes se préparaient.
Če bi bral časopise, bi vedel, da se pripravljajo težave.
Il y avait des problèmes non seulement pour lui-même, mais pour tous les chiens de la marée.
Težave niso bile samo zanj, ampak za vsakega psa, ki je živel v plimni vodi.
Tout chien musclé et aux poils longs et chauds allait avoir des ennuis.
Vsak pes, močan v mišicah in s toplo, dolgo dlako, bi bil v težavah.
De Puget Bay à San Diego, aucun chien ne pouvait échapper à ce qui allait arriver.
Od Puget Baya do San Diega se noben pes ni mogel izogniti temu, kar je prihajalo.
Des hommes, tâtonnant dans l'obscurité de l'Arctique, avaient trouvé un métal jaune.
Moški, ki so tipali v arktični temi, so našli rumeno kovino.
Les compagnies de navigation et de transport étaient à la recherche de cette découverte.
Parniki in transportna podjetja so zasledovala odkritje.
Des milliers d'hommes se précipitaient vers le Nord.
Na tisoče mož je hitelo v Severno deželo.
Ces hommes voulaient des chiens, et les chiens qu'ils voulaient étaient des chiens lourds.
Ti možje so si želeli pse, in psi, ki so si jih želeli, so bili težki psi.
Chiens dotés de muscles puissants pour travailler.
Psi z močnimi mišicami, s katerimi se lahko trudijo.
Chiens avec des manteaux de fourrure pour les protéger du gel.
Psi s kosmatim kožuhom, ki jih ščiti pred zmrzaljo.

Buck vivait dans une grande maison dans la vallée ensoleillée de Santa Clara.

Buck je živel v veliki hiši v sončni dolini Santa Clara.

La maison du juge Miller s'appelait ainsi.

Sodnikova hiša, tako se je imenovala.

Sa maison se trouvait en retrait de la route, à moitié cachée parmi les arbres.

Njegova hiša je stala umaknjena od ceste, napol skrita med drevesi.

On pouvait apercevoir la large véranda qui courait autour de la maison.

Videti je bilo mogoče široko verando, ki se razteza okoli hiše.

On accédait à la maison par des allées gravillonnées.

Do hiše so vodili gramozni dovozi.

Les sentiers serpentaient à travers de vastes pelouses.

Poti so se vile skozi široko razprostirajoče se travnike.

Au-dessus de nos têtes se trouvaient les branches entrelacées de grands peupliers.

Nad njimi so se prepletale veje visokih topolov.

À l'arrière de la maison, les choses étaient encore plus spacieuses.

V zadnjem delu hiše je bilo še bolj prostorno.

Il y avait de grandes écuries, où une douzaine de palefreniers discutaient

Bili so veliki hlevi, kjer se je klepetalo ducat ženinov

Il y avait des rangées de maisons de serviteurs recouvertes de vigne

Bile so vrste hišic za služinčad, odetih z vinsko trto

Et il y avait une gamme infinie et ordonnée de toilettes extérieures

In tam je bila neskončna in urejena vrsta stranišč

Longues tonnelles de vigne, pâturages verts, vergers et parcelles de baies.

Dolgi vinogradi, zeleni pašniki, sadovnjaki in jagodičevje.

Ensuite, il y avait l'usine de pompage du puits artésien.

Potem je bila tu še črpalna naprava za arteški vodnjak.

Et il y avait le grand réservoir en ciment rempli d'eau.

In tam je bil velik cementni rezervoar, napolnjen z vodo.

C'est ici que les garçons du juge Miller ont fait leur plongeon matinal.

Tukaj so se fantje sodnika Millerja zjutraj potopili v vodo.

Et ils se sont rafraîchis là-bas aussi dans l'après-midi chaud.

In tudi tam so se ohladili v vročem popoldnevu.

Et sur ce grand domaine, Buck était celui qui régnait sur tout.

In nad to veliko domeno je bil Buck tisti, ki je vladal vsemu.

Buck est né sur cette terre et y a vécu toutes ses quatre années.

Buck se je rodil na tej zemlji in tukaj živel vsa svoja štiri leta.

Il y avait bien d'autres chiens, mais ils n'avaient pas vraiment d'importance.

Res so bili še drugi psi, vendar niso bili zares pomembni.

D'autres chiens étaient attendus dans un endroit aussi vaste que celui-ci.

Na tako ogromnem kraju so pričakovali tudi druge pse.

Ces chiens allaient et venaient, ou vivaient à l'intérieur des chenils très fréquentés.

Ti psi so prihajali in odhajali ali pa so živeli v živahnih pesjakih.

Certains chiens vivaient cachés dans la maison, comme Toots et Ysabel.

Nekateri psi so živeli skriti v hiši, kot sta Toots in Ysabel.

Toots était un carlin japonais, Ysabel un chien nu mexicain.

Toots je bil japonski mops, Ysabel pa mehiška gola psica.

Ces étranges créatures sortaient rarement de la maison.

Ta čudna bitja so le redko stopila iz hiše.

Ils n'ont pas touché le sol, ni respiré l'air libre à l'extérieur.

Niso se dotaknili tal niti vohali odprtega zraka zunaj.

Il y avait aussi les fox-terriers, au moins une vingtaine.

Bili so tudi foksterierji, vsaj dvajset jih je bilo.

Ces terriers aboyaient férocement sur Toots et Ysabel à l'intérieur.

Ti terierji so v zaprtih prostorih divje lajali na Tootsa in Ysabel.

Toots et Ysabel sont restés derrière les fenêtres, à l'abri du danger.

Toots in Ysabel sta ostala za okni, varna pred nevarnostjo.

Ils étaient gardés par des domestiques munies de balais et de serpillères.

Varovale so jih gospodinjske pomočnice z metlami in krpami.

Mais Buck n'était pas un chien de maison, et il n'était pas non plus un chien de chenil.

Ampak Buck ni bil hišni pes in tudi ni bil pes za pse.

L'ensemble de la propriété appartenait à Buck comme son royaume légitime.

Celotno posestvo je pripadalo Bucku kot njegovo zakonito kraljestvo.

Buck nageait dans le réservoir ou partait à la chasse avec les fils du juge.

Buck je plaval v akvariju ali pa je hodil na lov s sodnikovimi sinovi.

Il marchait avec Mollie et Alice tôt ou tard le soir.

Z Mollie in Alice se je sprehajal v zgodnjih ali poznih urah.

Lors des nuits froides, il s'allongeait devant le feu de la bibliothèque avec le juge.

V hladnih nočeh je ležal s sodnikom pred kaminom v knjižnici.

Buck a promené les petits-fils du juge sur son dos robuste.

Buck je na svojem močnem hrbtu vozil sodnikove vnuke.

Il roula dans l'herbe avec les garçons, les surveillant de près.

Valjal se je po travi s fanti in jih skrbno stražil.

Ils s'aventurèrent jusqu'à la fontaine et même au-delà des champs de baies.

Podali so se do vodnjaka in celo mimo jagodnih polj.

Parmi les fox terriers, Buck marchait toujours avec une fierté royale.

Med foxterierji je Buck vedno hodil s kraljevskim ponosom.

Il ignora Toots et Ysabel, les traitant comme s'ils étaient de l'air.

Tootsa in Ysabel je ignoriral in ju obravnaval, kot da bi bila zrak.

Buck régnait sur toutes les créatures vivantes sur les terres du juge Miller.

Buck je vladal vsem živim bitjem na zemlji sodnika Millerja.

Il régnait sur les animaux, les insectes, les oiseaux et même les humains.

Vladal je živalim, žuželkam, pticam in celo ljudem.

Le père de Buck, Elmo, était un énorme et fidèle Saint-Bernard.

Buckov oče Elmo je bil ogromen in zvest bernard.

Elmo n'a jamais quitté le juge et l'a servi fidèlement.

Elmo ni nikoli zapustil sodnikove strani in mu je zvesto služil.

Buck semblait prêt à suivre le noble exemple de son père.

Zdelo se je, da je Buck pripravljen slediti očetovemu plemenitemu zgledu.

Buck n'était pas aussi gros, pesant cent quarante livres.

Buck ni bil tako velik, tehtal je sto štirideset funtov.

Sa mère, Shep, était un excellent chien de berger écossais.

Njegova mama, Shep, je bila odlična škotska ovčarka.

Mais même avec ce poids, Buck marchait avec une présence royale.

Toda tudi pri tej teži je Buck hodil s kraljevsko prezenco.

Cela venait de la bonne nourriture et du respect qu'il recevait toujours.

To je izhajalo iz dobre hrane in spoštovanja, ki ga je vedno prejemal.

Pendant quatre ans, Buck a vécu comme un noble gâté.

Štiri leta je Buck živel kot razvajen plemič.

Il était fier de lui, et même légèrement égoïste.

Bil je ponosen nase in celo rahlo egoističen.

Ce genre de fierté était courant chez les seigneurs des régions reculées.

Takšna vrsta ponosa je bila pogosta med oddaljenimi podeželskimi gospodi.

Mais Buck s'est sauvé de devenir un chien de maison choyé.

Toda Buck se je rešil pred tem, da bi postal razvajen hišni pes.

Il est resté mince et fort grâce à la chasse et à l'exercice.

Z lovom in vadbo je ostal vitek in močan.

Il aimait profondément l'eau, comme les gens qui se baignent dans les lacs froids.

Globoko je ljubil vodo, tako kot ljudje, ki se kopajo v hladnih jezerih.

Cet amour pour l'eau a gardé Buck fort et en très bonne santé.

Ta ljubezen do vode je Bucka ohranjala močnega in zelo zdravega.

C'était le chien que Buck était devenu à l'automne 1897.

To je bil pes, v katerega se je Buck spremenil jeseni 1897.

Lorsque la découverte du Klondike a attiré des hommes vers le Nord gelé.

Ko je napad na Klondike potegnil moške na zamrznjeni sever.

Des gens du monde entier se sont précipités vers ce pays froid.

Ljudje so se z vsega sveta zgrinjali v mrzlo deželo.

Buck, cependant, ne lisait pas les journaux et ne comprenait pas les nouvelles.

Buck pa ni bral časopisov niti ni razumel novic.

Il ne savait pas que Manuel était un homme désagréable à fréquenter.

Ni vedel, da je Manuelova slaba družba.

Manuel, qui aidait au jardin, avait un problème grave.

Manuel, ki je pomagal na vrtu, je imel velik problem.

Manuel était accro aux jeux de loterie chinois.

Manuel je bil zasvojen z igrami na srečo v kitajski loteriji.

Il croyait également fermement en un système fixe pour gagner.

Prav tako je trdno verjel v fiksni sistem za zmagovanje.

Cette croyance rendait son échec certain et inévitable.

Zaradi tega prepričanja je bil njegov neuspeh gotov in neizogiben.

Jouer un système exige de l'argent, ce qui manquait à Manuel.

Igranje sistema zahteva denar, ki ga Manuelu ni bilo.

Son salaire suffisait à peine à subvenir aux besoins de sa femme et de ses nombreux enfants.

Njegova plača je komaj preživljala ženo in številne otroke.

La nuit où Manuel a trahi Buck, les choses étaient normales.

Tisto noč, ko je Manuel izdal Bucka, je bilo vse normalno.

Le juge était présent à une réunion de l'Association des producteurs de raisins secs.

Sodnik je bil na srečanju Združenja pridelovalcev rozin.

Les fils du juge étaient alors occupés à former un club d'athlétisme.

Sodnikova sinova sta bila takrat zaposlena z ustanovitvijo atletskega kluba.

Personne n'a vu Manuel et Buck sortir par le verger.

Nihče ni videl Manuela in Bucka odhajati skozi sadovnjak.

Buck pensait que cette promenade n'était qu'une simple promenade nocturne.

Buck je mislil, da je ta sprehod le preprost nočni sprehod.

Ils n'ont rencontré qu'un seul homme à la station du drapeau, à College Park.

Na postaji za zastave v College Parku so srečali le enega moškega.

Cet homme a parlé à Manuel et ils ont échangé de l'argent.

Ta mož je govoril z Manuelom in zamenjala sta denar.

« Emballez les marchandises avant de les livrer », a-t-il suggéré.

»Zavij blago, preden ga dostaviš,« je predlagal.

La voix de l'homme était rauque et impatiente lorsqu'il parlait.

Moški je govoril hrapav in nepotrpežljiv glas.

Manuel a soigneusement attaché une corde épaisse autour du cou de Buck.

Manuel je Bucku previdno zavezal debelo vrv okoli vratu.

« Tournez la corde et vous l'étoufferez abondamment »

"Zasukaj vrv in ga boš precej zadavil."

L'étranger émit un grognement, montrant qu'il comprenait bien.

Neznanec je zamrmral, kar je pokazalo, da dobro razume.

Buck a accepté la corde avec calme et dignité tranquille ce jour-là.

Buck je tisti dan sprejel vrv mirno in tiho dostojanstveno.

C'était un acte inhabituel, mais Buck faisait confiance aux hommes qu'il connaissait.

Bilo je nenavadno dejanje, toda Buck je zaupal možem, ki jih je poznal.

Il croyait que leur sagesse allait bien au-delà de sa propre pensée.

Verjel je, da njihova modrost daleč presega njegovo lastno razmišljanje.

Mais ensuite la corde fut remise entre les mains de l'étranger.

Nato pa je bila vrv izročena v roke neznanca.

Buck émit un grognement sourd qui avertissait avec une menace silencieuse.

Buck je tiho zarenčal, kar je s tiho grožnjo pomenilo opozorilo.

Il était fier et autoritaire, et voulait montrer son mécontentement.

Bil je ponosen in ukazovalen ter je želel pokazati svoje nezadovoljstvo.

Buck pensait que son avertissement serait compris comme un ordre.

Buck je verjel, da bodo njegovo opozorilo razumljeno kot ukaz.

À sa grande surprise, la corde se resserra rapidement autour de son cou épais.

Na njegovo presenečenje se je vrv močno zategnila okoli njegovega debelega vratu.

Son air fut coupé et il commença à se battre dans une rage soudaine.

Zmanjkalo mu je zraka in v nenadni jezi se je začel boriti.

Il s'est jeté sur l'homme, qui a rapidement rencontré Buck en plein vol.

Skočil je na moškega, ki je v zraku hitro srečal Bucka.

L'homme attrapa Buck par la gorge et le fit habilement tourner dans les airs.

Moški je zgrabil Bucka za grlo in ga spretno zasukal v zraku.

Buck a été violemment projeté au sol, atterrissant à plat sur le dos.
Bucka je močno vrglo na tla in pristal je na hrbtu.
La corde l'étranglait alors cruellement tandis qu'il donnait des coups de pied sauvages.
Vrv ga je zdaj kruto dušila, medtem ko je divje brcal.
Sa langue tomba, sa poitrine se souleva, mais il ne reprit pas son souffle.
Jezik mu je izpadel, prsi so se mu dvignile, a ni mogel zadihati.
Il n'avait jamais été traité avec une telle violence de sa vie.
Še nikoli v življenju ni bil deležen takšnega nasilja.
Il n'avait jamais été rempli d'une fureur aussi profonde auparavant.
Prav tako ga še nikoli ni preplavila tako globoka jeza.
Mais le pouvoir de Buck s'est estompé et ses yeux sont devenus vitreux.
Toda Buckova moč je zbledela in njegove oči so postale steklene.
Il s'est évanoui juste au moment où un train s'arrêtait à proximité.
Omedlel je ravno takrat, ko je v bližini ustavil vlak.
Les deux hommes le jetèrent alors rapidement dans le fourgon à bagages.
Nato sta ga moška hitro vrgla v prtljažni vagon.
La chose suivante que Buck ressentit fut une douleur dans sa langue enflée.
Naslednja stvar, ki jo je Buck začutil, je bila bolečina v oteklem jeziku.
Il se déplaçait dans un chariot tremblant, à peine conscient.
Premikal se je v tresočem se vozičku, le megleno pri zavesti.
Le cri aigu d'un sifflet de train indiqua à Buck où il se trouvait.
Oster krik vlakovne piščalke je Bucku povedal, kje je.
Il avait souvent roulé avec le juge et connaissait ce sentiment.
Pogosto je jahal s sodnikom in je poznal ta občutek.

C'était le choc unique de voyager à nouveau dans un fourgon à bagages.

Spet je bil to edinstven sunek potovanja v prtljažnem vagonu.

Buck ouvrit les yeux et son regard brûla de rage.

Buck je odprl oči in njegov pogled je gorel od besa.

C'était la colère d'un roi fier déchu de son trône.

To je bila jeza ponosnega kralja, ki je bil odstavljen s prestola.

Un homme a tenté de l'attraper, mais Buck a frappé en premier.

Moški je stegnil roko, da bi ga zgrabil, toda Buck je namesto tega udaril prvi.

Il enfonça ses dents dans la main de l'homme et la serra fermement.

Z zobmi se je zaril v moško roko in jo močno držal.

Il ne l'a pas lâché jusqu'à ce qu'il s'évanouisse une deuxième fois.

Ni ga izpustil, dokler ni drugič izgubil zavesti.

« Ouais, il a des crises », murmura l'homme au bagagiste.

„Ja, ima krče," je moški zamrmral prtljagarju.

Le bagagiste avait entendu la lutte et s'était approché.

Prtljažnik je slišal pretep in se je približal.

« Je l'emmène à Frisco pour le patron », a expliqué l'homme.

»Peljem ga v 'Frisco k šefu,« je pojasnil moški.

« Il y a un excellent vétérinaire qui dit pouvoir les guérir. »

"Tam je dober pasji zdravnik, ki pravi, da jih lahko ozdravi."

Plus tard dans la soirée, l'homme a donné son propre récit complet.

Kasneje tistega večera je moški podal svojo podrobno izjavo.

Il parlait depuis un hangar derrière un saloon sur les quais.

Govoril je iz lope za saloonom na pomolu.

« Tout ce qu'on m'a donné, c'était cinquante dollars », se plaignit-il au vendeur du saloon.

»Dobil sem le petdeset dolarjev,« se je pritožil prodajalcu v saloonu.

« Je ne le referais pas, même pour mille dollars en espèces. »

"Tega ne bi ponovil, niti za tisoč dolarjev v gotovini."

Sa main droite était étroitement enveloppée dans un tissu ensanglanté.

Njegova desna roka je bila tesno ovita v krvavo krpo.

Son pantalon était déchiré du genou au pied.

Hlačnico je imel raztrgano od kolena do peta.

« Combien a été payé l'autre idiot ? » demanda le vendeur du saloon.

„Koliko je dobil drugi vrček?" je vprašal gostilničar.

« Cent », répondit l'homme, « il n'accepterait pas un centime de moins. »

„Sto," je odgovoril moški, „ne bi vzel niti centa manj."

« Cela fait cent cinquante », dit le vendeur du saloon.

„To pride skupaj sto petdeset," je rekel gostilničar.

« Et il vaut tout ça, sinon je ne suis pas meilleur qu'un imbécile. »

"In vreden je vsega, sicer nisem nič boljši od bedaka."

L'homme ouvrit les emballages pour examiner sa main.

Moški je odprl ovoj, da bi si pregledal roko.

La main était gravement déchirée et couverte de sang séché.

Roka je bila hudo raztrgana in prekrita s posušeno krvjo.

« Si je n'ai pas l' hydrophobie… » commença-t-il à dire.

»Če ne dobim hidrofobije ...« je začel govoriti.

« Ce sera parce que tu es né pour être pendu », dit-il en riant.

„To bo zato, ker si se rodil za obešanje," se je zaslišal smeh.

« Viens m'aider avant de partir », lui a-t-on demandé.

„Pridi mi pomagat, preden greš," so ga prosili.

Buck était dans un état second à cause de la douleur dans sa langue et sa gorge.

Buck je bil omamljen od bolečine v jeziku in grlu.

Il était à moitié étranglé et pouvait à peine se tenir debout.

Bil je napol zadavljen in komaj je stal pokonci.

Pourtant, Buck essayait de faire face aux hommes qui l'avaient blessé ainsi.

Vseeno se je Buck poskušal soočiti z moškimi, ki so ga tako prizadeli.

Mais ils le jetèrent à terre et l'étranglèrent une fois de plus.

Vendar so ga vrgli na tla in ga spet zadavili.

Ce n'est qu'à ce moment-là qu'ils ont pu scier son lourd collier de laiton.

Šele takrat so mu lahko odžagali težko medeninasto ovratnico.

Ils ont retiré la corde et l'ont poussé dans une caisse.

Odstranili so vrv in ga potisnili v zaboj.

La caisse était petite et avait la forme d'une cage en fer brut.

Zaboj je bil majhen in oblikovan kot groba železna kletka.

Buck resta allongé là toute la nuit, rempli de colère et d'orgueil blessé.

Buck je ležal tam vso noč, poln jeze in ranjenega ponosa.

Il ne pouvait pas commencer à comprendre ce qui lui arrivait.

Ni mogel začeti razumeti, kaj se mu dogaja.

Pourquoi ces hommes étranges le gardaient-ils dans cette petite caisse ?

Zakaj so ga ti čudni možje zadrževali v tej majhni kletki?

Que voulaient-ils de lui et pourquoi cette cruelle captivité ?

Kaj so hoteli od njega in zakaj to kruto ujetništvo?

Il ressentait une pression sombre, un sentiment de catastrophe qui se rapprochait.

Čutil je temen pritisk; občutek bližajoče se katastrofe.

C'était une peur vague, mais elle pesait lourdement sur son esprit.

Bil je nejasen strah, a močno ga je prizadel.

Il a sursauté à plusieurs reprises lorsque la porte du hangar a claqué.

Nekajkrat je poskočil, ko so se vrata lope zatresla.

Il s'attendait à ce que le juge ou les garçons apparaissent et le sauvent.

Pričakoval je, da se bo pojavil sodnik ali fantje in ga rešili.

Mais à chaque fois, seul le gros visage du tenancier de bar apparaissait à l'intérieur.

A vsakič je noter pokukal le debeli obraz lastnika krčme.

Le visage de l'homme était éclairé par la faible lueur d'une bougie de suif.

Moški obraz je osvetljevala šibka svetloba lojne sveče.

À chaque fois, l'aboiement joyeux de Buck se transformait en un grognement bas et colérique.

Vsakič se je Buckovo veselo lajanje spremenilo v tiho, jezno renčanje.

Le tenancier du saloon l'a laissé seul pour la nuit dans la caisse

Lastnik saluna ga je pustil samega za noč v kletki.

Mais quand il se réveilla le matin, d'autres hommes arrivèrent.

Ko pa se je zjutraj zbudil, je prihajalo še več mož.

Quatre hommes sont venus et ont ramassé la caisse avec précaution, sans un mot.

Prišli so štirje moški in brez besed previdno pobrali zaboj.

Buck comprit immédiatement dans quelle situation il se trouvait.

Buck je takoj vedel, v kakšnem položaju se je znašel.

Ils étaient d'autres bourreaux qu'il devait combattre et craindre.

Bili so nadaljnji mučitelji, s katerimi se je moral boriti in se jih bati.

Ces hommes avaient l'air méchants, en haillons et très mal soignés.

Ti moški so bili videti hudobni, razcapani in zelo slabo urejeni.

Buck grogna et se jeta férocement sur eux à travers les barreaux.

Buck je zarenčal in se srdito pognal vanje skozi rešetke.

Ils se sont contentés de rire et de le frapper avec de longs bâtons en bois.

Samo smejali so se in ga zbadali z dolgimi lesenimi palicami.

Buck a mordu les bâtons, puis s'est rendu compte que c'était ce qu'ils aimaient.

Buck je grizel palice, nato pa spoznal, da jim je to všeč.

Il s'allongea donc tranquillement, maussade et brûlant d'une rage silencieuse.

Tako je tiho legel, mrk in goreč od tihe jeze.

Ils ont soulevé la caisse dans un chariot et sont partis avec lui.

Zaboj so dvignili na voz in se z njim odpeljali.

La caisse, avec Buck enfermé à l'intérieur, changeait souvent de mains.

Zaboj, v katerem je bil Buck zaklenjen, je pogosto menjal lastnika.

Les employés du bureau express ont pris les choses en main et l'ont traité brièvement.

Uradniki ekspresne pisarne so prevzeli pobudo in ga na kratko obravnavali.

Puis un autre chariot transporta Buck à travers la ville bruyante.

Nato je Bucka čez hrupno mesto peljal še en voz.

Un camion l'a emmené avec des cartons et des colis sur un ferry.

Tovornjak ga je skupaj s škatlami in paketi odpeljal na trajekt.

Après la traversée, le camion l'a déchargé dans un dépôt ferroviaire.

Po prečkanju ceste ga je tovornjak raztovoril na železniški postaji.

Finalement, Buck fut placé dans une voiture express en attente.

Končno so Bucka posadili v čakajoči ekspresni vagon.

Pendant deux jours et deux nuits, les trains ont emporté la voiture express.

Dva dni in noči so vlaki vlekli ekspresni vagon.

Buck n'a ni mangé ni bu pendant tout le douloureux voyage.

Buck med celotno bolečo potjo ni ne jedel ne pil.

Lorsque les messagers express ont essayé de l'approcher, il a grogné.

Ko so se mu hitri sli poskušali približati, je zarenčal.

Ils ont réagi en se moquant de lui et en le taquinant cruellement.

Odgovorili so tako, da so se mu posmehovali in ga kruto dražili.

Buck se jeta sur les barreaux, écumant et tremblant

Buck se je vrgel na rešetke, penil se je in tresel

ils ont ri bruyamment et l'ont raillé comme des brutes de cour d'école.

Glasno so se smejali in se mu posmehovali kot šolski nasilneži.

Ils aboyaient comme de faux chiens et battaient des bras.

Lajali so kot lažni psi in mahali z rokami.

Ils ont même chanté comme des coqs juste pour le contrarier davantage.

Celo peti so kot petelini, samo da bi ga še bolj razburili.

C'était un comportement stupide, et Buck savait que c'était ridicule.

To je bilo neumno vedenje in Buck je vedel, da je smešno.

Mais cela n'a fait qu'approfondir son sentiment d'indignation et de honte.

A to je le še poglobilo njegov občutek ogorčenja in sramu.

Il n'a pas été trop dérangé par la faim pendant le voyage.

Med potovanjem ga lakota ni preveč motila.

Mais la soif provoquait une douleur aiguë et une souffrance insupportable.

Toda žeja je prinašala ostro bolečino in neznosno trpljenje.

Sa gorge sèche et enflammée et sa langue brûlaient de chaleur.

Suho, vneto grlo in jezik sta ga pekla od vročine.

Cette douleur alimentait la fièvre qui montait dans son corps fier.

Ta bolečina je hranila vročino, ki je naraščala v njegovem ponosnem telesu.

Buck était reconnaissant pour une seule chose au cours de ce procès.

Buck je bil med tem sojenjem hvaležen za eno samo stvar.

La corde avait été retirée de son cou épais.

Vrv mu je bila odstranjena z debelega vratu.

La corde avait donné à ces hommes un avantage injuste et cruel.

Vrv je tem možem dala nepošteno in kruto prednost.

Maintenant, la corde avait disparu et Buck jura qu'elle ne reviendrait jamais.

Zdaj vrvi ni bilo več in Buck je prisegel, da se ne bo nikoli vrnila.

Il a décidé qu'aucune corde ne passerait plus jamais autour de son cou.

Odločil se je, da mu nobena vrv ne bo nikoli več ovila vratu.

Pendant deux longs jours et deux longues nuits, il souffrit sans nourriture.

Dva dolga dneva in noči je trpel brez hrane.

Et pendant ces heures, il a développé une énorme rage en lui.

In v teh urah je v sebi nabral ogromno besa.

Ses yeux sont devenus injectés de sang et sauvages à cause d'une colère constante.

Njegove oči so od nenehne jeze postale krvave in divje.

Il n'était plus Buck, mais un démon aux mâchoires claquantes.

Ni bil več Buck, temveč demon s šljaščečimi čeljustmi.

Même le juge n'aurait pas reconnu cette créature folle.

Celo sodnik ne bi prepoznal tega norega bitja.

Les messagers express ont soupiré de soulagement lorsqu'ils ont atteint Seattle

Hitri sli so si olajšano vzdihnili, ko so prispeli v Seattle

Quatre hommes ont soulevé la caisse et l'ont amenée dans une cour arrière.

Štirje moški so dvignili zaboj in ga prinesli na dvorišče.

La cour était petite, entourée de murs hauts et solides.

Dvorišče je bilo majhno, obdano z visokimi in trdnimi zidovi.

Un grand homme sortit, vêtu d'un pull rouge affaissé.

Ven je stopil velik moški v povešeni rdeči puloverski srajci.

Il a signé le carnet de livraison d'une écriture épaisse et audacieuse.

Z debelo in krepko roko se je podpisal v dobavnico.

Buck sentit immédiatement que cet homme était son prochain bourreau.

Buck je takoj začutil, da je ta moški njegov naslednji mučitelj.

Il se jeta violemment sur les barreaux, les yeux rouges de fureur.

Z rdečimi od besa očmi se je silovito pognal proti rešetkam.

L'homme sourit simplement sombrement et alla chercher une hachette.

Moški se je le mračno nasmehnil in šel po sekiro.

Il portait également une massue dans sa main droite épaisse et forte.

V svoji debeli in močni desnici je prinesel tudi palico.

« Tu vas le sortir maintenant ? » demanda le chauffeur, inquiet.

„Ga boš zdaj peljal ven?" je zaskrbljeno vprašal voznik.

« Bien sûr », dit l'homme en enfonçant la hachette dans la caisse comme levier.

„Seveda," je rekel moški in zataknil sekiro v zaboj kot vzvod.

Les quatre hommes se dispersèrent instantanément et sautèrent sur le mur de la cour.

Štirje moški so se v trenutku razbežali in poskočili na dvoriščni zid.

Depuis leurs endroits sûrs, ils attendaient d'assister au spectacle.

Z varnih mest zgoraj so čakali, da si ogledajo spektakel.

Buck se jeta sur le bois éclaté, le mordant et le secouant violemment.

Buck se je pognal na razcepljen les, grizel in se silovito tresel.

Chaque fois que la hachette touchait la cage, Buck était là pour l'attaquer.

Vsakič, ko je sekira zadela kletko, jo je Buck napadel.

Il grogna et claqua des dents avec une rage folle, impatient d'être libéré.

Z divjo jezo je zarenčal in zagrizel, željan, da bi ga izpustili.

L'homme dehors était calme et stable, concentré sur sa tâche.

Moški zunaj je bil miren in stabilen, osredotočen na svojo nalogo.

« Bon, alors, espèce de diable aux yeux rouges », dit-il lorsque le trou fut grand.

„No, prav, ti rdečeoki hudiček," je rekel, ko je bila luknja velika.

Il laissa tomber la hachette et prit le gourdin dans sa main droite.

Spustil je sekiro in v desno roko vzel palico.

Buck ressemblait vraiment à un diable ; les yeux injectés de sang et flamboyants.

Buck je bil resnično videti kot hudič; oči so bile krvave in so gorele.

Son pelage se hérissait, de la mousse s'échappait de sa bouche, ses yeux brillaient.

Dlaka se mu je ježila, pena se mu je brizgala na usta, oči so se mu lesketale.

Il rassembla ses muscles et se jeta directement sur le pull rouge.

Napel je mišice in skočil naravnost proti rdečemu puloverju.

Cent quarante livres de fureur s'abattèrent sur l'homme calme.

Sto štirideset funtov besa je poletelo na mirnega moža.

Juste avant que ses mâchoires ne se referment, un coup terrible le frappa.

Tik preden so se mu čeljusti stisnile, ga je zadel grozen udarec.

Ses dents claquèrent l'une contre l'autre, rien d'autre que l'air

Zobje so mu švignili skupaj, ne da bi se dotaknili ničesar drugega kot zraka.

une secousse de douleur résonna dans son corps

sunek bolečine je odmeval po njegovem telesu

Il a fait un saut périlleux en plein vol et s'est écrasé sur le dos et sur le côté.

V zraku se je prevrnil in padel na hrbet in bok.

Il n'avait jamais ressenti auparavant le coup d'un gourdin et ne pouvait pas le saisir.

Še nikoli prej ni občutil udarca s palico in ga ni mogel dojeti.

Avec un grognement strident, mi-aboiement, mi-cri, il bondit à nouveau.

Z vriskajočim renčanjem, delno laježem, delno krikom, je spet skočil.

Un autre coup brutal le frappa et le projeta au sol.

Zadel ga je še en brutalen udarec in ga vrgel na tla.

Cette fois, Buck comprit : c'était la lourde massue de l'homme.

Tokrat je Buck razumel – bila je to moževa težka palica.

Mais la rage l'aveuglait, et il n'avait aucune idée de retraite.

Toda bes ga je zaslepil in ni pomislil na umik.

Douze fois il s'est lancé et douze fois il est tombé.

Dvanajstkrat se je pognal in dvanajstkrat je padel.

Le gourdin en bois le frappait à chaque fois avec une force impitoyable et écrasante.

Lesena palica ga je vsakič znova zdrobila z neusmiljeno, drobilno silo.

Après un coup violent, il se releva en titubant, étourdi et lent.

Po enem samem silovitem udarcu se je opotekajoče postavil na noge, omamljen in počasen.

Du sang coulait de sa bouche, de son nez et même de ses oreilles.

Kri mu je tekla iz ust, nosu in celo ušes.

Son pelage autrefois magnifique était maculé de mousse sanglante.

Njegov nekoč lepi plašč je bil premazan s krvavo peno.

Alors l'homme s'est avancé et a donné un coup violent au nez.

Nato je moški stopil naprej in ga hudo udaril v nos.

L'agonie était plus vive que tout ce que Buck avait jamais ressenti.

Bolečina je bila hujša od vsega, kar je Buck kdajkoli občutil.

Avec un rugissement plus bête que chien, il bondit à nouveau pour attaquer.

Z rjovenjem, bolj zverinskim kot pasjim, je znova skočil v napad.

Mais l'homme attrapa sa mâchoire inférieure et la tourna vers l'arrière.

Toda moški ga je zgrabil za spodnjo čeljust in jo zvil nazaj.

Buck fit un saut périlleux et s'écrasa à nouveau violemment.

Buck se je prevrnil čez ušesa in spet močno padel.

Une dernière fois, Buck se précipita sur lui, maintenant à peine capable de se tenir debout.

Še zadnjič se je Buck pognal vanj, komaj še stoj na nogah.

L'homme a frappé avec un timing expert, délivrant le coup final.

Moški je udaril s strokovnim tempom in zadal zadnji udarec.

Buck s'est effondré, inconscient et immobile.

Buck se je zgrudil na kup, nezavesten in negiben.

« Il n'est pas mauvais pour dresser les chiens, c'est ce que je dis », a crié un homme.

»Ni ravno slab pri krojenju psov, to pravim,« je zavpil moški.

« Druther peut briser la volonté d'un chien n'importe quel jour de la semaine. »

"Druther lahko zlomi voljo psa vsak dan v tednu."

« Et deux fois un dimanche ! » a ajouté le chauffeur.

„In dvakrat v nedeljo!" je dodal voznik.

Il monta dans le chariot et fit claquer les rênes pour partir.

Zlezel je na voz in potegnil vajeti, da bi odpeljal.

Buck a lentement repris le contrôle de sa conscience

Buck je počasi povrnil nadzor nad svojo zavestjo

mais son corps était encore trop faible et brisé pour bouger.

toda njegovo telo je bilo še vedno prešibko in zlomljeno, da bi se premaknilo.

Il resta allongé là où il était tombé, regardant l'homme au pull rouge.

Ležal je tam, kjer je padel, in opazoval moškega v rdečem puloverju.

« Il répond au nom de Buck », dit l'homme en lisant à haute voix.

„Odziva se na ime Buck," je rekel moški in bral na glas.

Il a cité la note envoyée avec la caisse de Buck et les détails.

Citiral je iz sporočila, poslanega z Buckovim zabojem, in podrobnosti.

« Eh bien, Buck, mon garçon », continua l'homme d'un ton amical,

„No, Buck, fant moj," je moški nadaljeval s prijaznim tonom,

« Nous avons eu notre petite dispute, et maintenant c'est fini entre nous. »

"Imela sva najin majhen prepir in zdaj je med nama konec."

« Tu as appris à connaître ta place, et j'ai appris à connaître la mienne », a-t-il ajouté.

„Spoznal si svoje mesto, jaz pa svoje," je dodal.

« Sois sage, tout ira bien et la vie sera agréable. »

"Bodi priden in vse bo dobro in življenje bo prijetno."

« Mais sois méchant, et je te botterai les fesses, compris ? »

"Ampak bodi slab, pa te bom pretepel do smrti, razumeš?"

Tandis qu'il parlait, il tendit la main et tapota la tête douloureuse de Buck.

Medtem ko je govoril, je iztegnil roko in potrepljal Bucka po boleči glavi.

Les cheveux de Buck se dressèrent au contact de l'homme, mais il ne résista pas.

Bucku so se ob moškem dotiku dvignili lasje, a se ni upiral.

L'homme lui apporta de l'eau, que Buck but à grandes gorgées.

Mož mu je prinesel vodo, ki jo je Buck pil v velikih požirkih.

Puis vint la viande crue, que Buck dévora morceau par morceau.

Nato je prišlo surovo meso, ki ga je Buck požrl kos za kosom.

Il savait qu'il était battu, mais il savait aussi qu'il n'était pas brisé.

Vedel je, da je pretepen, a vedel je tudi, da ni zlomljen.

Il n'avait aucune chance contre un homme armé d'une matraque.

Proti moškemu, oboroženemu s palico, ni imel nobene možnosti.

Il avait appris la vérité et il n'a jamais oublié cette leçon.

Spoznal je resnico in te lekcije ni nikoli pozabil.

Cette arme était le début de la loi dans le nouveau monde de Buck.

To orožje je bilo začetek prava v Buckovem novem svetu.

C'était le début d'un ordre dur et primitif qu'il ne pouvait nier.

To je bil začetek surovega, primitivnega reda, ki ga ni mogel zanikati.

Il accepta la vérité ; ses instincts sauvages étaient désormais éveillés.

Sprejel je resnico; njegovi divji nagoni so se zdaj prebudili.

Le monde était devenu plus dur, mais Buck l'a affronté avec courage.

Svet je postal krutejši, a Buck se je z njim pogumno soočil.

Il a affronté la vie avec une prudence, une ruse et une force tranquille nouvelles.

Življenje je srečal z novo previdnostjo, zvitostjo in tiho močjo.

D'autres chiens sont arrivés, attachés dans des cordes ou des caisses comme Buck l'avait été.

Prispelo je še več psov, privezanih v vrveh ali kletkah, kot so nekoč privezali Bucka.

Certains chiens sont venus calmement, d'autres ont fait rage et se sont battus comme des bêtes sauvages.

Nekateri psi so prišli mirno, drugi so besneli in se borili kot divje zveri.

Ils furent tous soumis au règne de l'homme au pull rouge.

Vsi so bili podrejeni vladavini moža v rdečem puloverju.

À chaque fois, Buck regardait et voyait la même leçon se dérouler.

Buck je vsakič opazoval in videl, kako se odvija ista lekcija.

L'homme avec la massue était la loi, un maître à obéir.

Mož s palico je bil zakon; gospodar, ki mu je bilo treba ubogati.

Il n'avait pas besoin d'être aimé, mais il fallait qu'on lui obéisse.

Ni mu bilo treba biti všečen, ampak ubogati ga je bilo treba.

Buck ne s'est jamais montré flatteur ni n'a remué la queue comme le faisaient les chiens plus faibles.

Buck se ni nikoli prilizoval ali mahal z rokami, kot so to počeli šibkejši psi.

Il a vu des chiens qui avaient été battus et qui continuaient à lécher la main de l'homme.

Videl je pretepene pse in še vedno lizal moževo roko.

Il a vu un chien qui refusait d'obéir ou de se soumettre du tout.

Videl je psa, ki sploh ni ubogal ali se ni podredil.

Ce chien s'est battu jusqu'à ce qu'il soit tué dans la bataille pour le contrôle.

Ta pes se je boril, dokler ni bil ubit v bitki za nadzor.

Des étrangers venaient parfois voir l'homme au pull rouge.

Včasih so k moškemu v rdečem puloverju prihajali neznanci.

Ils parlaient sur un ton étrange, suppliant, marchandant et riant.

Govorili so s čudnimi toni, prosili, se pogajali in smejali.

Lors de l'échange d'argent, ils partaient avec un ou plusieurs chiens.

Ko so zamenjali denar, so odšli z enim ali več psi.

Buck se demandait où étaient passés ces chiens, car aucun n'était jamais revenu.

Buck se je spraševal, kam so šli ti psi, saj se nobeden ni nikoli vrnil.

la peur de l'inconnu envahissait Buck chaque fois qu'un homme étrange venait

Strah od neznanega je Bucka preplavil vsakič, ko je prišel neznan moški.

il était content à chaque fois qu'un autre chien était pris, plutôt que lui-même.

Vsakič je bil vesel, ko so vzeli še enega psa, namesto sebe.

Mais finalement, le tour de Buck arriva avec l'arrivée d'un homme étrange.

Končno pa je prišel na vrsto tudi Buck s prihodom čudnega moškega.

Il était petit, nerveux, parlait un anglais approximatif et jurait.

Bil je majhen, žilav in je govoril v polomljeni angleščini ter preklinjal.

« Sacré-Dam ! » hurla-t-il en posant les yeux sur le corps de Buck.

„Sacredam!" je zavpil, ko je zagledal Buckovo postavo.

**« C'est un sacré chien tyrannique ! Hein ? Combien ? »
demanda-t-il à voix haute.**

„To je pa res prekleto pes, ki te je nagajiv! Kaj? Koliko?" je
vprašal na glas.

« Trois cents, et c'est un cadeau à ce prix-là. »

"Tristo, pa je za to ceno darilo,"

**« Puisque c'est de l'argent du gouvernement, tu ne devrais
pas te plaindre, Perrault. »**

„Ker gre za državni denar, se ne bi smel pritoževati, Perrault."

**Perrault sourit à l'idée de l'accord qu'il venait de conclure
avec cet homme.**

Perrault se je zarežal ob dogovoru, ki ga je pravkar sklenil z
moškim.

**Le prix des chiens a grimpé en flèche en raison de la
demande soudaine.**

Cena psov je zaradi nenadnega povpraševanja močno narasla.

**Trois cents dollars, ce n'était pas injuste pour une si belle
bête.**

Tristo dolarjev ni bilo nepošteno za tako fino zver.

Le gouvernement canadien ne perdrait rien dans cet accord

Kanadska vlada s tem dogovorom ne bi izgubila ničesar.

**Leurs dépêches officielles ne seraient pas non plus retardées
en transit.**

Prav tako se njihove uradne pošiljke ne bi zavlekle med
prevozom.

**Perrault connaissait bien les chiens et pouvait voir que Buck
était quelque chose de rare.**

Perrault je dobro poznal pse in je videl, da je Buck nekaj
redkega.

**« Un sur dix dix mille », pensa-t-il en étudiant la silhouette
de Buck.**

„Eden od desetih deset tisoč," je pomislil, medtem ko je
preučeval Buckovo postavo.

**Buck a vu l'argent changer de mains, mais n'a montré aucune
surprise.**

Buck je videl, kako je denar menjal lastnika, vendar ni pokazal
nobenega presenečenja.

Bientôt, lui et Curly, un gentil Terre-Neuve, furent emmenés.

Kmalu so njega in Kodrastija, nežnega novofundlandca, odpeljali stran.

Ils suivirent le petit homme depuis la cour du pull rouge.

Sledili so možicu z dvorišča rdečega puloverja.

Ce fut la dernière fois que Buck vit l'homme avec la massue en bois.

To je bil zadnjič, kar je Buck kdaj videl moža z leseno palico.

Depuis le pont du Narval, il regardait Seattle disparaître au loin.

Z Narwalove palube je opazoval, kako Seattle izginja v daljavi.

C'était aussi la dernière fois qu'il voyait le chaud Southland.

To je bil tudi zadnjič, da je kdaj videl toplo Južno deželo.

Perrault les emmena sous le pont et les laissa à François.

Perrault jih je odpeljal pod palubo in jih pustil pri Françoisu.

François était un géant au visage noir, aux mains rugueuses et calleuses.

François je bil črnoličen velikan z grobimi, žuljastimi rokami.

Il était brun et basané; un métis franco-canadien.

Bil je temnopolt in zagorel; mešanec Francosko-kanadskega porekla.

Pour Buck, ces hommes étaient d'un genre qu'il n'avait jamais vu auparavant.

Bucku se je zdelo, da so ti možje takšni, kot jih še ni videl.

Il allait connaître beaucoup d'autres hommes de ce genre dans les jours qui suivirent.

V prihodnjih dneh bo spoznal veliko takšnih mož.

Il ne s'est pas attaché à eux, mais il a appris à les respecter.

Ni jih imel rad, a jih je začel spoštovati.

Ils étaient justes et sages, et ne se laissaient pas facilement tromper par un chien.

Bili so pošteni in modri ter jih noben pes ni zlahka prevaral.

Ils jugeaient les chiens avec calme et ne les punissaient que lorsqu'ils le méritaient.

Pse so sodili mirno in jih kaznovali le, če so si to zaslužili.

Sur le pont inférieur du Narwhal, Buck et Curly ont rencontré deux chiens.

V spodnji palubi Narvala sta Buck in Kodrasti srečala dva psa.

L'un d'eux était un grand chien blanc venu du lointain et glacial Spitzberg.

Eden je bil velik beli pes iz oddaljenega, ledenega Spitzbergna.

Il avait autrefois navigué avec un baleinier et rejoint un groupe d'enquête.

Nekoč je plul s kitolovcem in se pridružil raziskovalni skupini.

Il était amical d'une manière sournoise, sournoise et rusée.

Bil je prijazen na prebrisan, zahrbten in zvit način.

Lors de leur premier repas, il a volé un morceau de viande dans la poêle de Buck.

Pri prvem obroku je iz Buckove ponve ukradel kos mesa.

Buck sauta pour le punir, mais le fouet de François frappa en premier.

Buck je skočil, da bi ga kaznoval, toda Françoisov bič je udaril prej.

Le voleur blanc hurla et Buck récupéra l'os volé.

Beli tat je kriknil in Buck je dobil nazaj ukradeno kost.

Cette équité impressionna Buck, et François gagna son respect.

Ta pravičnost je na Bucka naredila vtis in François si je prislužil njegovo spoštovanje.

L'autre chien ne lui a pas adressé de salut et n'en a pas voulu en retour.

Drugi pes ni pozdravil in ga ni hotel pozdraviti v zameno.

Il ne volait pas de nourriture et ne reniflait pas les nouveaux arrivants avec intérêt.

Ni kradel hrane niti z zanimanjem ni vohal novih prišlekov.

Ce chien était sinistre et calme, sombre et lent.

Ta pes je bil mračen in tih, mračen in počasen.

Il a averti Curly de rester à l'écart en la regardant simplement.

Kodrasti je opozoril, naj se drži stran, tako da jo je preprosto jezno pogledal.

Son message était clair : laissez-moi tranquille ou il y aura des problèmes.
Njegovo sporočilo je bilo jasno; pustite me pri miru ali pa bodo težave.
Il s'appelait Dave et il remarquait à peine son environnement.
Klicali so ga Dave in komaj je opazil okolico.
Il dormait souvent, mangeait tranquillement et bâillait de temps en temps.
Pogosto je spal, tiho jedel in občasno zazehal.

Le navire ronronnait constamment avec le battement de l'hélice en dessous.
Ladja je nenehno brnela, propeler spodaj pa je utripal.
Les jours passèrent sans grand changement, mais le temps devint plus froid.
Dnevi so minevali brez večjih sprememb, a vreme je postajalo hladnejše.
Buck pouvait le sentir dans ses os et remarqua que les autres le faisaient aussi.
Buck je to čutil v kosteh in opazil je, da tudi drugi.
Puis un matin, l'hélice s'est arrêtée et tout est redevenu calme.
Nekega jutra se je propeler ustavil in vse je bilo tiho.
Une énergie parcourut le vaisseau ; quelque chose avait changé.
Ladjo je preplavila energija; nekaj se je spremenilo.
François est descendu, les a attachés en laisse et les a remontés.
François je prišel dol, jih pripel na povodce in jih pripeljal gor.
Buck sortit et trouva le sol doux, blanc et froid.
Buck je stopil ven in ugotovil, da so tla mehka, bela in hladna.
Il sursauta en arrière, alarmé, et renifla, totalement confus.
Prestrašeno je odskočil in popolnoma zmedeno smrkal.
Une étrange substance blanche tombait du ciel gris.
Z sivega neba je padala čudna bela snov.

Il se secoua, mais les flocons blancs continuaient à atterrir sur lui.

Stresel se je, a beli kosmiči so kar naprej padali nanj.

Il renifla soigneusement la substance blanche et lécha quelques morceaux glacés.

Previdno je povohal belo snov in polizal nekaj ledenih koščkov.

La poudre brûla comme du feu, puis disparut de sa langue.

Prah je pekel kot ogenj, nato pa je naravnost izginil z njegovega jezika.

Buck essaya à nouveau, intrigué par l'étrange froideur qui disparaissait.

Buck je poskusil znova, zmeden zaradi nenavadne izginjajoče hladnosti.

Les hommes autour de lui rirent et Buck se sentit gêné.

Moški okoli njega so se zasmejali in Bucku je bilo nerodno.

Il ne savait pas pourquoi, mais il avait honte de sa réaction.

Ni vedel zakaj, a sramoval se je svoje reakcije.

C'était sa première expérience avec la neige, et cela le dérouta.

To je bila njegova prva izkušnja s snegom in to ga je zmedlo.

La loi du gourdin et des crocs
Zakon kluba in očnjaka

Le premier jour de Buck sur la plage de Dyea ressemblait à un terrible cauchemar.

Buckov prvi dan na plaži Dyea se je zdel kot grozna nočna mora.

Chaque heure apportait de nouveaux chocs et des changements inattendus pour Buck.

Vsaka ura je Bucku prinesla nove presenečenja in nepričakovane spremembe.

Il avait été arraché à la civilisation et jeté dans un chaos sauvage.

Iz civilizacije so ga izvlekli in vrženi v divji kaos.

Ce n'était pas une vie ensoleillée et paresseuse, faite d'ennui et de repos.

To ni bilo sončno, lenobno življenje z dolgčasom in počitkom.

Il n'y avait pas de paix, pas de repos, et pas un instant sans danger.

Ni bilo miru, počitka in trenutka brez nevarnosti.

La confusion régnait sur tout et le danger était toujours proche.

Zmeda je vladala vsemu in nevarnost je bila vedno blizu.

Buck devait rester vigilant car ces hommes et ces chiens étaient différents.

Buck je moral ostati pozoren, ker so bili ti moški in psi drugačni.

Ils n'étaient pas originaires des villes ; ils étaient sauvages et sans pitié.

Niso bili iz mest; bili so divji in brez milosti.

Ces hommes et ces chiens ne connaissaient que la loi du gourdin et des crocs.

Ti možje in psi so poznali le zakon palice in zob.

Buck n'avait jamais vu de chiens se battre comme ces huskies sauvages.

Buck še nikoli ni videl psov, ki bi se pretepali tako divji haskiji.

Sa première expérience lui a appris une leçon qu'il n'oublierait jamais.

Njegova prva izkušnja ga je naučila lekcijo, ki je ne bo nikoli pozabil.

Il a eu de la chance que ce ne soit pas lui, sinon il serait mort aussi.

Imel je srečo, da ni bil on, sicer bi tudi on umrl.

Curly était celui qui souffrait tandis que Buck regardait et apprenait.

Kodrasti je bil tisti, ki je trpel, medtem ko je Buck opazoval in se učil.

Ils avaient installé leur campement près d'un magasin construit en rondins.

Taborili so blizu trgovine, zgrajene iz hlodov.

Curly a essayé d'être amical avec un grand husky ressemblant à un loup.

Kodrasti se je poskušal prijazno navezati na velikega, volku podobnega haskija.

Le husky était plus petit que Curly, mais avait l'air sauvage et méchant.

Husky je bil manjši od Kodrastija, a je bil videti divji in zloben.

Sans prévenir, il a sauté et lui a ouvert le visage.

Brez opozorila je skočil in ji razprl obraz.

Ses dents lui coupèrent l'œil jusqu'à sa mâchoire en un seul mouvement.

Njegovi zobje so ji z enim samim gibom prerezali vse od očesa do čeljusti.

C'est ainsi que les loups se battaient : ils frappaient vite et sautaient loin.

Tako so se borili volkovi – hitro udarili in odskočili.

Mais il y avait plus à apprendre que de cette seule attaque.

Vendar se je iz tega napada dalo naučiti več kot le nekaj več.

Des dizaines de huskies se sont précipités et ont formé un cercle silencieux.

Na ducate haskijev je prihitelo in naredilo tihi krog.

Ils regardaient attentivement et se léchaient les lèvres avec faim.

Pozorno so opazovali in si od lakote oblizovali ustnice.

Buck ne comprenait pas leur silence ni leurs regards avides.

Buck ni razumel njihove tišine ali njihovih nestrpnih pogledov.

Curly s'est précipité pour attaquer le husky une deuxième fois.

Kodrasti je drugič planil na haskija.

Il a utilisé sa poitrine pour la renverser avec un mouvement puissant.

S prsmi jo je z močnim gibom podrl.

Elle est tombée sur le côté et n'a pas pu se relever.

Padla je na bok in se ni mogla več pobrati.

C'est ce que les autres attendaient depuis le début.

To so ostali ves čas čakali.

Les huskies ont sauté sur elle, hurlant et grognant avec frénésie.

Haskiji so skočili nanjo, besno cvilili in renčali.

Elle a crié alors qu'ils l'enterraient sous un tas de chiens.

Kričala je, ko so jo pokopali pod kupom psov.

L'attaque fut si rapide que Buck resta figé sur place sous le choc.

Napad je bil tako hiter, da je Buck od šoka otrpnil na mestu.

Il vit Spitz tirer la langue d'une manière qui ressemblait à un rire.

Videl je, kako je Spitz pomolil jezik na način, ki je bil videti kot smeh.

François a attrapé une hache et a couru droit vers le groupe de chiens.

François je zgrabil sekiro in stekel naravnost v skupino psov.

Trois autres hommes ont utilisé des gourdins pour aider à repousser les huskies.

Trije drugi moški so s palicami pomagali pregnati haskije.

En seulement deux minutes, le combat était terminé et les chiens avaient disparu.

V samo dveh minutah je bil boj končan in psi so izginili.

Curly gisait morte dans la neige rouge et piétinée, son corps déchiré.

Kodrasti je ležala mrtva v rdečem, poteptanem snegu, njeno telo je bilo raztrgano.

Un homme à la peau sombre se tenait au-dessus d'elle, maudissant la scène brutale.

Nad njo je stal temnopolti moški in preklinjal brutalni prizor.

Le souvenir est resté avec Buck et a hanté ses rêves la nuit.

Spomin je ostal z Buckom in ga ponoči preganjal v sanjah.

C'était comme ça ici : pas d'équité, pas de seconde chance.

Tako je bilo tukaj; brez pravičnosti ni druge priložnosti.

Une fois qu'un chien tombait, les autres le tuaient sans pitié.

Ko je pes padel, so ga drugi ubili brez milosti.

Buck décida alors qu'il ne se permettrait jamais de tomber.

Buck se je takrat odločil, da si nikoli ne bo dovolil pasti.

Spitz tira à nouveau la langue et rit du sang.

Spitz je spet pomolil jezik in se zasmejal krvi.

À partir de ce moment-là, Buck détesta Spitz de tout son cœur.

Od tistega trenutka naprej je Buck Spitza sovražil z vsem srcem.

Avant que Buck ne puisse se remettre de la mort de Curly, quelque chose de nouveau s'est produit.

Preden si je Buck lahko opomogel od Kodrastijeve smrti, se je zgodilo nekaj novega.

François s'est approché et a attaché quelque chose autour du corps de Buck.

François je prišel in nekaj opasal okoli Buckovega telesa.

C'était un harnais comme ceux utilisés sur les chevaux du ranch.

Bil je oprsnik, podoben tistim, ki jih uporabljajo za konje na ranču.

Comme Buck avait vu les chevaux travailler, il devait maintenant travailler aussi.

Kakor je Buck videl konje delati, je bil zdaj tudi on prisiljen delati.

Il a dû tirer François sur un traîneau dans la forêt voisine.

Françoisa je moral na sankah vleči v bližnji gozd.

Il a ensuite dû ramener une lourde charge de bois de chauffage.

Potem je moral odvleči nazaj kup težkih drv.

Buck était fier, donc cela lui faisait mal d'être traité comme un animal de travail.

Buck je bil ponosen, zato ga je bolelo, da so z njim ravnali kot z delovno živaljo.

Mais il était sage et n'a pas essayé de lutter contre la nouvelle situation.

Vendar je bil moder in se ni poskušal boriti proti novim razmeram.

Il a accepté sa nouvelle vie et a donné le meilleur de lui-même dans chaque tâche.

Sprejel je svoje novo življenje in pri vsaki nalogi dal vse od sebe.

Tout ce qui concernait ce travail lui était étrange et inconnu.

Vse pri delu mu je bilo čudno in neznano.

François était strict et exigeait l'obéissance sans délai.

François je bil strog in je zahteval poslušnost brez odlašanja.

Son fouet garantissait que chaque ordre soit exécuté immédiatement.

Njegov bič je poskrbel, da je bil vsak ukaz izveden hkrati.

Dave était le conducteur du traîneau, le chien le plus proche du traîneau derrière Buck.

Dave je bil voznik, pes, ki je bil najbližje sani za Buckom.

Dave mordait Buck sur les pattes arrière s'il faisait une erreur.

Dave je ugriznil Bucka v zadnje noge, če je naredil napako.

Spitz était le chien de tête, compétent et expérimenté dans ce rôle.

Špic je bil vodilni pes, spreten in izkušen v tej vlogi.

Spitz ne pouvait pas atteindre Buck facilement, mais il le corrigea quand même.

Spitz ni mogel zlahka doseči Bucka, a ga je vseeno popravil.

Il grognait durement ou tirait le traîneau d'une manière qui enseignait à Buck.

Ostro je renčal ali vlekel sani na načine, ki so Bucka učili.

Grâce à cette formation, Buck a appris plus vite que ce qu'ils avaient imaginé.

Med tem usposabljanjem se je Buck učil hitreje, kot je kdorkoli od njih pričakoval.

Il a travaillé dur et a appris de François et des autres chiens.

Trdo je delal in se učil tako od Françoisa kot od drugih psov.

À leur retour, Buck connaissait déjà les commandes clés.

Ko so se vrnili, je Buck že poznal ključne ukaze.

Il a appris à s'arrêter au son « ho » de François.

Naučil se je ustaviti ob zvoku »ho«, ki ga je zaslišal François.

Il a appris quand il a dû tirer le traîneau et courir.

Naučil se je, kdaj je moral vleči sani in teči.

Il a appris à tourner largement dans les virages du sentier sans difficulté.

Naučil se je brez težav široko zavijati v ovinkih poti.

Il a également appris à éviter Dave lorsque le traîneau descendait rapidement.

Naučil se je tudi izogibati Daveu, ko so se sani hitro spuščale navzdol.

« Ce sont de très bons chiens », dit fièrement François à Perrault.

»Zelo dobri psi so,« je François ponosno povedal Perraultu.

« Ce Buck tire comme un dingue, je lui apprends vite fait. »

„Ta Buck vleče kot hudič – naučim ga kar hitro."

Plus tard dans la journée, Perrault est revenu avec deux autres chiens husky.

Kasneje tistega dne se je Perrault vrnil z dvema haskijema.

Ils s'appelaient Billee et Joe, et ils étaient frères.

Imena sta bila Billee in Joe, in bila sta brata.

Ils venaient de la même mère, mais ne se ressemblaient pas du tout.

Prihajala sta od iste matere, vendar si sploh nista bila podobna.

Billee était de nature douce et très amicale avec tout le monde.

Billee je bila dobrodušna in preveč prijazna do vseh.

Joe était tout le contraire : calme, en colère et toujours en train de grogner.

Joe je bil ravno nasprotje – tih, jezen in vedno renčal.

Buck les a accueillis de manière amicale et s'est montré calme avec eux deux.

Buck ju je prijazno pozdravil in bil z obema miren.

Dave ne leur prêta aucune attention et resta silencieux comme d'habitude.

Dave se ni zmenil zanje in je kot ponavadi molčal.

Spitz a attaqué d'abord Billee, puis Joe, pour montrer sa domination.

Spitz je najprej napadel Billeeja, nato pa Joeja, da bi pokazal svojo prevlado.

Billee remua la queue et essaya d'être amical avec Spitz.

Billee je mahal z repom in se poskušal prijazno navezati na Spitz.

Lorsque cela n'a pas fonctionné, il a essayé de s'enfuir à la place.

Ko to ni delovalo, je raje poskušal pobegniti.

Il a pleuré tristement lorsque Spitz l'a mordu fort sur le côté.

Žalostno je zajokal, ko ga je Spitz močno ugriznil v bok.

Mais Joe était très différent et refusait d'être intimidé.

Toda Joe je bil zelo drugačen in se ni pustil ustrahovati.

Chaque fois que Spitz s'approchait, Joe se retournait pour lui faire face rapidement.

Vsakič, ko se je Spitz približal, se je Joe hitro obrnil proti njemu.

Sa fourrure se hérissa, ses lèvres se retroussèrent et ses dents claquèrent sauvagement.

Dlaka se mu je naježila, ustnice so se mu zvile, zobje pa divje škripali.

Les yeux de Joe brillaient de peur et de rage, défiant Spitz de frapper.

Joejeve oči so se lesketale od strahu in besa, saj je Spitza izzival, naj udari.

Spitz abandonna le combat et se détourna, humilié et en colère.

Spitz je obupal nad bojem in se obrnil stran, ponižan in jezen.

Il a déversé sa frustration sur le pauvre Billee et l'a chassé.

Svojo frustracijo je stresel na ubogem Billeeju in ga pregnal.

Ce soir-là, Perrault ajouta un chien de plus à l'équipe.

Tistega večera je Perrault ekipi dodal še enega psa.

Ce chien était vieux, maigre et couvert de cicatrices de guerre.

Ta pes je bil star, suh in prekrit z bojnimi brazgotinami.

L'un de ses yeux manquait, mais l'autre brillait de puissance.

Eno oko mu je manjkalo, drugo pa je močno žarelo.

Le nom du nouveau chien était Solleks, ce qui signifiait « celui qui est en colère ».

Ime novega psa je bilo Solleks, kar je pomenilo Jezni.

Comme Dave, Solleks ne demandait rien aux autres et ne donnait rien en retour.

Tako kot Dave tudi Solleks ni od drugih ničesar zahteval in ničesar ni dal v zameno.

Lorsque Solleks entra lentement dans le camp, même Spitz resta à l'écart.

Ko je Solleks počasi vstopil v tabor, se je celo Spitz umaknil.

Il avait une étrange habitude que Buck a eu la malchance de découvrir.

Imel je čudno navado, ki jo Buck ni imel sreče odkriti.

Solleks détestait qu'on l'approche du côté où il était aveugle.

Solleks je sovražil, da so se mu približevali s strani, kjer je bil slep.

Buck ne le savait pas et a fait cette erreur par accident.

Buck tega ni vedel in je to napako naredil po nesreči.

Solleks se retourna et frappa l'épaule de Buck profondément et rapidement.

Solleks se je obrnil in Bucka hitro ter globoko udaril v ramo.

À partir de ce moment, Buck ne s'est plus jamais approché du côté aveugle de Solleks.

Od tistega trenutka naprej se Buck ni nikoli več približal Solleksovi slepi strani.

Ils n'ont plus jamais eu de problèmes pendant le reste de leur temps ensemble.

Do konca skupnega časa nista imela nikoli več težav.

Solleks voulait seulement être laissé seul, comme le calme Dave.

Solleks si je želel le, da bi ga pustili pri miru, kot tihi Dave.

Mais Buck apprendra plus tard qu'ils avaient chacun un autre objectif secret.

Toda Buck je kasneje izvedel, da imata vsak še en skriti cilj.

Cette nuit-là, Buck a dû faire face à un nouveau défi troublant : comment dormir.

Tisto noč se je Buck soočil z novim in mučnim izzivom – kako spati.

La tente brillait chaleureusement à la lumière des bougies dans le champ enneigé.

Šotor je toplo žarel v svetlobi sveč na zasneženem polju.

Buck entra, pensant qu'il pourrait se reposer là comme avant.

Buck je vstopil in si mislil, da se bo tam lahko spočil kot prej.

Mais Perrault et François lui criaient dessus et lui jetaient des casseroles.

Toda Perrault in François sta kričala nanj in metala ponve.

Choqué et confus, Buck s'est enfui dans le froid glacial.

Šokiran in zmeden je Buck stekel ven v ledeno mrzlo vodo.

Un vent glacial piquait son épaule blessée et lui gelait les pattes.

Oster veter mu je pičil v ranjeno ramo in mu ozebelil šape.

Il s'est allongé dans la neige et a essayé de dormir à la belle étoile.

Legel je v sneg in poskušal spati zunaj na prostem.

Mais le froid l'obligea bientôt à se relever, tremblant terriblement.

Toda mraz ga je kmalu prisilil, da je spet vstal, močno se je tresel.

Il erra dans le camp, essayant de trouver un endroit plus chaud.

Sprehajal se je po taboru in iskal toplejši kotiček.

Mais chaque coin était aussi froid que le précédent.
A vsak kotiček je bil prav tako hladen kot prejšnji.
Parfois, des chiens sauvages sautaient sur lui dans l'obscurité.
Včasih so nanj iz teme skakali divji psi.
Buck hérissa sa fourrure, montra ses dents et grogna en signe d'avertissement.
Buck se je naježil, pokazal zobe in svarilno zarenčal.
Il apprenait vite et les autres chiens reculaient rapidement.
Hitro se je učil, drugi psi pa so se hitro umaknili.
Il n'avait toujours pas d'endroit où dormir et ne savait pas quoi faire.
Kljub temu ni imel kje spati in ni vedel, kaj naj stori.
Finalement, une pensée lui vint : aller voir ses coéquipiers.
Končno se mu je porodila misel – preveriti, kako so njegovi soigralci.
Il est retourné dans leur région et a été surpris de les trouver partis.
Vrnil se je na njihovo območje in bil presenečen, ko jih ni več.
Il chercha à nouveau dans le camp, mais ne parvint toujours pas à les trouver.
Ponovno je preiskal tabor, a jih še vedno ni mogel najti.
Il savait qu'ils ne pouvaient pas être dans la tente, sinon il le serait aussi.
Vedel je, da ne smejo biti v šotoru, sicer bi bil tudi on.
Alors, où étaient passés tous les chiens dans ce camp gelé ?
Kam so torej šli vsi psi v tem zamrznjenem taboru?
Buck, froid et misérable, tournait lentement autour de la tente.
Buck, premražen in nesrečen, je počasi krožil okoli šotora.
Soudain, ses pattes avant s'enfoncèrent dans la neige molle et le surprit.
Nenadoma so se mu sprednje noge pogreznile v mehak sneg in ga prestrašile.
Quelque chose se tortilla sous ses pieds et il sursauta en arrière, effrayé.

Nekaj se mu je zvilo pod nogami in od strahu je odskočil nazaj.

Il grogna et grogna, ne sachant pas ce qui se cachait sous la neige.

Rjovel je in renčal, ne da bi vedel, kaj se skriva pod snegom.

Puis il entendit un petit aboiement amical qui apaisa sa peur.

Nato je zaslišal prijazno tiho lajanje, ki je pomirilo njegov strah.

Il renifla l'air et s'approcha pour voir ce qui était caché.

Povohal je zrak in se približal, da bi videl, kaj se skriva.

Sous la neige, recroquevillée en boule chaude, se trouvait la petite Billee.

Pod snegom, zvita v toplo klobčič, je bila mala Billee.

Billee remua la queue et lécha le visage de Buck pour le saluer.

Billee je mahal z repom in Bucku v pozdrav polizal obraz.

Buck a vu comment Billee avait fabriqué un endroit pour dormir dans la neige.

Buck je videl, kako si je Billee v snegu naredila spalno mesto.

Il avait creusé et utilisé sa propre chaleur pour rester au chaud.

Izkopal se je in uporabljal lastno toploto, da se je ogrel.

Buck avait appris une autre leçon : c'est ainsi que les chiens dormaient.

Buck se je naučil še ene lekcije – tako so spali psi.

Il a choisi un endroit et a commencé à creuser son propre trou dans la neige.

Izbral si je mesto in začel kopati svojo luknjo v snegu.

Au début, il bougeait trop et gaspillait de l'énergie.

Sprva se je preveč gibal in zapravljal energijo.

Mais bientôt son corps réchauffa l'espace et il se sentit en sécurité.

Toda kmalu je njegovo telo ogrelo prostor in počutil se je varnega.

Il se recroquevilla étroitement et, peu de temps après, il s'endormit profondément.

Tesno se je zvil in kmalu je trdno zaspal.

La journée avait été longue et dure, et Buck était épuisé.

Dan je bil dolg in naporen, Buck pa je bil izčrpan.

Il dormait profondément et confortablement, même si ses rêves étaient fous.

Spal je trdno in udobno, čeprav so bile njegove sanje divje.

Il grognait et aboyait dans son sommeil, se tordant pendant qu'il rêvait.

V spanju je renčal in lajal, se zvijal, ko je sanjal.

Buck ne s'est réveillé que lorsque le camp était déjà en train de prendre vie.

Buck se ni zbudil, dokler se tabor že ni začel prebujati.

Au début, il ne savait pas où il était ni ce qui s'était passé.

Sprva ni vedel, kje je ali kaj se je zgodilo.

La neige était tombée pendant la nuit et avait complètement enseveli son corps.

Ponoči je zapadel sneg in njegovo truplo popolnoma pokopal.

La neige se pressait autour de lui, serrée de tous côtés.

Sneg ga je tesno pritiskal okoli njega z vseh strani.

Soudain, une vague de peur traversa tout le corps de Buck.

Nenadoma je Bucka preplavil val strahu.

C'était la peur d'être piégé, une peur venue d'instincts profonds.

Bil je strah pred ujetostjo, strah, ki je izhajal iz globokih nagonov.

Bien qu'il n'ait jamais vu de piège, la peur vivait en lui.

Čeprav še nikoli ni videl pasti, je strah živel v njem.

C'était un chien apprivoisé, mais maintenant ses vieux instincts sauvages se réveillaient.

Bil je ukročen pes, a zdaj so se v njem prebujali stari divji nagoni.

Les muscles de Buck se tendirent et sa fourrure se dressa sur tout son dos.

Buckove mišice so se napele in dlaka se mu je postavila naježiti po vsem hrbtu.

Il grogna férocement et bondit droit dans la neige.

Divje je zarenčal in skočil naravnost skozi sneg.

La neige volait dans toutes les directions alors qu'il faisait irruption dans la lumière du jour.

Sneg je letel na vse strani, ko je prihitel na dnevno svetlobo.

Avant même d'atterrir, Buck vit le camp s'étendre devant lui.

Še pred pristankom je Buck videl tabor, ki se je razprostiral pred njim.

Il se souvenait de tout ce qui s'était passé la veille, d'un seul coup.

Vsega od prejšnjega dne se je spomnil naenkrat.

Il se souvenait d'avoir flâné avec Manuel et d'avoir fini à cet endroit.

Spomnil se je sprehoda z Manuelom in kako je končal na tem mestu.

Il se souvenait avoir creusé le trou et s'être endormi dans le froid.

Spomnil se je, kako je izkopal luknjo in zaspal v mrazu.

Maintenant, il était réveillé et le monde sauvage qui l'entourait était clair.

Zdaj je bil buden in divji svet okoli njega je bil jasen.

Un cri de François salua l'apparition soudaine de Buck.

François je vzkliknil in pozdravil Buckov nenadni pojav.

« Qu'est-ce que j'ai dit ? » cria le conducteur du chien à Perrault.

„Kaj sem rekel?" je voznik psa glasno zavpil Perraultu.

« Ce Buck apprend vraiment très vite », a ajouté François.

„Ta Buck se res hitro uči," je dodal François.

Perrault hocha gravement la tête, visiblement satisfait du résultat.

Perrault je resno prikimal, očitno zadovoljen z rezultatom.

En tant que courrier pour le gouvernement canadien, il transportait des dépêches.

Kot kurir za kanadsko vlado je prenašal depeše.

Il était impatient de trouver les meilleurs chiens pour son importante mission.

Želel si je najti najboljše pse za svojo pomembno misijo.

Il se sentait particulièrement heureux maintenant que Buck faisait partie de l'équipe.

Še posebej zadovoljen je bil zdaj, ko je bil Buck del ekipe.

Trois autres huskies ont été ajoutés à l'équipe en une heure.

V eni uri so ekipi dodali še tri haskije.

Cela porte le nombre total de chiens dans l'équipe à neuf.

S tem se je skupno število psov v ekipi povečalo na devet.

En quinze minutes, tous les chiens étaient dans leurs harnais.

V petnajstih minutah so bili vsi psi v oprsnicah.

L'équipe de traîneaux remontait le sentier en direction du canyon de Dyea.

Sankaška vprega se je vzpenjala po poti proti kanjonu Dyea.

Buck était heureux de partir, même si le travail à venir était difficile.

Buck je bil vesel, da odhaja, četudi je bilo delo pred njim težko.

Il s'est rendu compte qu'il ne détestait pas particulièrement le travail ou le froid.

Ugotovil je, da ne prezira dela ali mraza.

Il a été surpris par l'empressement qui a rempli toute l'équipe.

Presenetilo ga je navdušenje, ki je preplavilo celotno ekipo.

Encore plus surprenant fut le changement qui s'était produit chez Dave et Solleks.

Še bolj presenetljiva je bila sprememba, ki se je zgodila Daveu in Solleksu.

Ces deux chiens étaient complètement différents lorsqu'ils étaient attelés.

Ta dva psa sta bila popolnoma različna, ko sta bila vprežena.

Leur passivité et leur manque d'intérêt avaient complètement disparu.

Njihova pasivnost in pomanjkanje skrbi sta popolnoma izginili.

Ils étaient alertes et actifs, et désireux de bien faire leur travail.

Bili so pozorni in aktivni ter so želeli dobro opraviti svoje delo.

Ils s'irritaient violemment à tout ce qui pouvait provoquer un retard ou une confusion.

Postali so hudo razdraženi zaradi vsega, kar je povzročalo zamudo ali zmedo.

Le travail acharné sur les rênes était le centre de tout leur être.

Trdo delo na vajetih je bilo središče njihovega celotnega bitja.

Tirer un traîneau semblait être la seule chose qu'ils appréciaient vraiment.

Zdelo se je, da je vleka sani edina stvar, v kateri so resnično uživali.

Dave était à l'arrière du groupe, le plus proche du traîneau lui-même.

Dave je bil na zadnjem delu skupine, najbližje sani.

Buck a été placé devant Dave, et Solleks a dépassé Buck.

Buck je bil postavljen pred Davea, Solleks pa je prevzel Bucka.

Le reste des chiens était aligné devant eux en file indienne.

Ostali psi so bili razporejeni naprej v vrsti po eno.

La position de tête à l'avant était occupée par Spitz.

Vodilni položaj na čelu je zasedel Spitz.

Buck avait été placé entre Dave et Solleks pour l'instruction.

Bucka so zaradi navodil postavili med Davea in Solleksa.

Il apprenait vite et ils étaient des professeurs fermes et compétents.

Hitro se je učil, učitelja pa sta bila odločna in sposobna.

Ils n'ont jamais permis à Buck de rester longtemps dans l'erreur.

Nikoli niso dovolili, da bi Buck dolgo ostal v zmoti.

Ils ont enseigné leurs leçons avec des dents acérées quand c'était nécessaire.

Po potrebi so svoje lekcije učili z ostrimi zobmi.

Dave était juste et faisait preuve d'une sagesse calme et sérieuse.

Dave je bil pravičen in je kazal tiho, resno modrost.

Il n'a jamais mordu Buck sans une bonne raison de le faire.

Nikoli ni ugriznil Bucka brez tehtnega razloga za to.

Mais il n'a jamais manqué de mordre lorsque Buck avait besoin d'être corrigé.

Ampak nikoli ni opustil ugriza, ko je Bucka treba popraviti.

Le fouet de François était toujours prêt et soutenait leur autorité.

Françoisov bič je bil vedno pripravljen in je podpiral njihovo avtoriteto.

Buck a vite compris qu'il valait mieux obéir que riposter.

Buck je kmalu ugotovil, da je bolje ubogati kot pa se braniti.

Un jour, lors d'un court repos, Buck s'est emmêlé dans les rênes.

Nekoč se je Buck med kratkim počitkom zapletel v vajeti.

Il a retardé le départ et a perturbé le mouvement de l'équipe.

Zavlekel je začetek in zmedel gibanje ekipe.

Dave et Solleks se sont jetés sur lui et lui ont donné une raclée.

Dave in Solleks sta se nanj pognala in ga hudo pretepla.

L'enchevêtrement n'a fait qu'empirer, mais Buck a bien appris sa leçon.

Zaplet se je samo še poslabšal, a Buck se je dobro naučil lekcije.

Dès lors, il garda les rênes tendues et travailla avec soin.

Od takrat naprej je vajeti držal napete in delal previdno.

Avant la fin de la journée, Buck avait maîtrisé une grande partie de sa tâche.

Pred koncem dneva je Buck obvladal večino svoje naloge.

Ses coéquipiers ont presque arrêté de le corriger ou de le mordre.

Njegovi soigralci so ga skoraj nehali popravljati ali grizeti.

Le fouet de François claquait de moins en moins souvent dans l'air.

Françoisov bič je vedno redkeje pokal po zraku.

Perrault a même soulevé les pieds de Buck et a soigneusement examiné chaque patte.

Perrault je celo dvignil Buckove noge in skrbno pregledal vsako šapo.

Cela avait été une journée de course difficile, longue et épuisante pour eux tous.

Bil je naporen dan teka, dolg in naporen za vse.

Ils remontèrent le Cañon, traversèrent Sheep Camp et passèrent devant les Scales.

Potovali so po kanjonu navzgor, skozi Ovčji tabor in mimo Tehtnic.

Ils ont traversé la limite des forêts, puis des glaciers et des congères de plusieurs mètres de profondeur.

Prečkali so gozdno mejo, nato ledenike in snežne zamete, globoke več metrov.

Ils ont escaladé la grande et froide chaîne de montagnes Chilkoot Divide.

Preplezali so veliko mrzlo in prepovedno pregrado Chilkoot.

Cette haute crête se dressait entre l'eau salée et l'intérieur gelé.

Ta visoki greben je stal med slano vodo in zamrznjeno notranjostjo.

Les montagnes protégeaient le Nord triste et solitaire avec de la glace et des montées abruptes.

Gore so z ledom in strmimi vzponi varovale žalosten in osamljen Sever.

Ils ont parcouru à bon rythme une longue chaîne de lacs en aval de la ligne de partage des eaux.

Dobro so se spustili po dolgi verigi jezer pod razvodjem.

Ces lacs remplissaient les anciens cratères de volcans éteints.

Ta jezera so zapolnila starodavne kraterje ugaslih vulkanov.

Tard dans la nuit, ils atteignirent un grand camp au bord du lac Bennett.

Pozno tisto noč so prispeli do velikega tabora ob jezeru Bennett.

Des milliers de chercheurs d'or étaient là, construisant des bateaux pour le printemps.

Tam je bilo na tisoče iskalcev zlata, ki so gradili čolne za pomlad.

La glace allait bientôt se briser et ils devaient être prêts.

Led se bo kmalu stopil in morali so biti pripravljeni.

Buck creusa son trou dans la neige et tomba dans un profond sommeil.
Buck si je izkopal luknjo v snegu in trdno zaspal.
Il dormait comme un ouvrier, épuisé par une dure journée de travail.
Spal je kot delavec, izčrpan od napornega dneva dela.
Mais trop tôt dans l'obscurité, il fut tiré de son sommeil.
Toda prezgodaj v temi so ga zbudili iz spanca.
Il fut à nouveau attelé avec ses compagnons et attaché au traîneau.
Ponovno so ga vpregli skupaj s tovariši in ga privezali na sani.
Ce jour-là, ils ont parcouru quarante milles, car la neige était bien battue.
Tisti dan so prevozili štirideset milj, ker je bil sneg dobro uhojen.
Le lendemain, et pendant plusieurs jours après, la neige était molle.
Naslednji dan in še mnogo dni zatem je bil sneg mehak.
Ils ont dû faire le chemin eux-mêmes, en travaillant plus dur et en avançant plus lentement.
Pot so si morali utreti sami, pri čemer so delali bolj intenzivno in se premikali počasneje.
Habituellement, Perrault marchait devant l'équipe avec des raquettes palmées.
Običajno je Perrault hodil pred ekipo s krpljami, prepletenimi s plavalno mrežo.
Ses pas ont compacté la neige, facilitant ainsi le déplacement du traîneau.
Njegovi koraki so zbili sneg, zaradi česar so se sani lažje premikale.
François, qui dirigeait depuis le mât, prenait parfois le relais.
François, ki je krmaril z merilnega droga, je včasih prevzel krmilo.
Mais il était rare que François prenne les devants
A François je le redko prevzel vodstvo.
parce que Perrault était pressé de livrer les lettres et les colis.
ker se je Perraultu mudilo z dostavo pisem in paketov.

Perrault était fier de sa connaissance de la neige, et surtout de la glace.

Perrault je bil ponosen na svoje znanje o snegu, še posebej o ledu.

Cette connaissance était essentielle, car la glace d'automne était dangereusement mince.

To znanje je bilo bistveno, saj je bil jesenski led nevarno tanek.

Là où l'eau coulait rapidement sous la surface, il n'y avait pas du tout de glace.

Kjer je voda pod površino hitro tekla, ledu sploh ni bilo.

Jour après jour, la même routine se répétait sans fin.

Dan za dnem se je ista rutina ponavljala brez konca.

Buck travaillait sans relâche sur les rênes, de l'aube jusqu'à la nuit.

Buck se je od zore do noči neskončno trudil z vajeti.

Ils quittèrent le camp dans l'obscurité, bien avant le lever du soleil.

Tabor so zapustili v temi, veliko preden je sonce vzšlo.

Au moment où le jour se leva, ils avaient déjà parcouru de nombreux kilomètres.

Ko se je zdanilo, je bilo za njimi že veliko kilometrov.

Ils ont installé leur campement après la tombée de la nuit, mangeant du poisson et creusant dans la neige.

Tabor so postavili po temi, jedli ribe in se zakopali v sneg.

Buck avait toujours faim et n'était jamais vraiment satisfait de sa ration.

Buck je bil vedno lačen in nikoli zares zadovoljen s svojim obrokom.

Il recevait une livre et demie de saumon séché chaque jour.

Vsak dan je prejel funt in pol posušenega lososa.

Mais la nourriture semblait disparaître en lui, laissant la faim derrière elle.

A zdelo se je, da hrana v njem izgine in za seboj pusti lakoto.

Il souffrait constamment de la faim et rêvait de plus de nourriture.

Trpel je zaradi nenehnih napadov lakote in sanjal je o več hrane.

Les autres chiens n'ont pris qu'une livre, mais ils sont restés forts.

Drugi psi so dobili le pol kilograma hrane, vendar so ostali močni.

Ils étaient plus petits et étaient nés dans le mode de vie du Nord.

Bili so manjši in so se rodili v severnem načinu življenja.

Il perdit rapidement la méticulosité qui avait marqué son ancienne vie.

Hitro je izgubil pedantnost, ki je zaznamovala njegovo prejšnje življenje.

Il avait été un mangeur délicat, mais maintenant ce n'était plus possible.

Bil je slasten jedec, zdaj pa to ni bilo več mogoče.

Ses camarades ont terminé premiers et lui ont volé sa ration inachevée.

Njegovi prijatelji so prvi končali in ga oropali njegovega neporabljenega obroka.

Une fois qu'ils ont commencé, il n'y avait aucun moyen de défendre sa nourriture contre eux.

Ko so enkrat začeli, ni bilo več načina, da bi pred njimi ubranil svoje hrane.

Pendant qu'il combattait deux ou trois chiens, les autres volaient le reste.

Medtem ko se je boril z dvema ali tremi psi, so drugi ukradli preostale.

Pour résoudre ce problème, il a commencé à manger aussi vite que les autres.

Da bi to popravil, je začel jesti tako hitro kot drugi.

La faim le poussait tellement qu'il prenait même de la nourriture qui n'était pas la sienne.

Lakota ga je tako močno gnala, da je jedel celo hrano, ki ni bila njegova.

Il observait les autres et apprenait rapidement de leurs actions.

Opazoval je druge in se iz njihovih dejanj hitro učil.

Il a vu Pike, un nouveau chien, voler une tranche de bacon à Perrault.

Videl je Pikea, novega psa, kako je Perraultu ukradel rezino slanine.

Pike avait attendu que Perrault ait le dos tourné pour voler le bacon.

Pike je počakal, da se Perrault obrne proti njemu, preden mu je ukradel slanino.

Le lendemain, Buck a copié Pike et a volé tout le morceau.

Naslednji dan je Buck kopiral Pikea in ukradel celoten kos.

Un grand tumulte s'ensuivit, mais Buck ne fut pas suspecté.

Sledil je velik hrup, a Bucka nihče ni sumil.

Dub, un chien maladroit qui se faisait toujours prendre, a été puni à la place.

Namesto tega je bil kaznovan Dub, neroden pes, ki se je vedno pustil ujeti.

Ce premier vol a fait de Buck un chien apte à survivre dans le Nord.

Ta prva tatvina je Bucka označila za psa, primernega za preživetje na severu.

Il a montré qu'il pouvait s'adapter à de nouvelles conditions et apprendre rapidement.

Pokazal je, da se zna hitro prilagajati novim razmeram in se učiti.

Sans une telle adaptabilité, il serait mort rapidement et gravement.

Brez takšne prilagodljivosti bi hitro in hudo umrl.

Cela a également marqué l'effondrement de sa nature morale et de ses valeurs passées.

To je zaznamovalo tudi zlom njegove moralne narave in preteklih vrednot.

Dans le Southland, il avait vécu sous la loi de l'amour et de la bonté.

V Južni deželi je živel po zakonu ljubezni in prijaznosti.

Là, il était logique de respecter la propriété et les sentiments des autres chiens.

Tam je bilo smiselno spoštovati lastnino in čustva drugih psov.

Mais le Northland suivait la loi du gourdin et la loi du croc.

Toda Severnjaki so sledili zakonu palice in zakonu zob.

Quiconque respectait les anciennes valeurs ici était stupide et échouerait.

Kdorkoli je tukaj spoštoval stare vrednote, je bil neumen in bi propadel.

Buck n'a pas réfléchi à tout cela dans son esprit.

Buck si ni vsega tega premislil.

Il était en forme et s'est donc adapté sans avoir besoin de réfléchir.

Bil je v formi, zato se je prilagodil, ne da bi moral razmišljati.

De toute sa vie, il n'avait jamais fui un combat.

Vse življenje ni nikoli pobegnil pred pretepom.

Mais la massue en bois de l'homme au pull rouge a changé cette règle.

Toda lesena palica moškega v rdečem puloverju je to pravilo spremenila.

Il suivait désormais un code plus profond et plus ancien, inscrit dans son être.

Zdaj je sledil globlji, starejši kodi, vpisani v njegovo bitje.

Il ne volait pas par plaisir, mais par faim.

Ni kradel iz užitka, ampak iz bolečine lakote.

Il n'a jamais volé ouvertement, mais il a volé avec ruse et prudence.

Nikoli ni odkrito ropal, ampak je kradel zvito in previdno.

Il a agi par respect pour la massue en bois et par peur du croc.

Ravnal je iz spoštovanja do lesene palice in strahu pred očnjakom.

En bref, il a fait ce qui était plus facile et plus sûr que de ne pas le faire.

Skratka, naredil je tisto, kar je bilo lažje in varneje kot pa da tega ne stori.

Son développement – ou peut-être son retour à ses anciens instincts – fut rapide.

Njegov razvoj – ali morda njegova vrnitev k starim nagonom –
je bil hiter.

**Ses muscles se durcirent jusqu'à devenir aussi forts que du
fer.**

Njegove mišice so se otrdele, dokler niso bile močne kot
železo.

**Il ne se souciait plus de la douleur, à moins qu'elle ne soit
grave.**

Bolečina ga ni več zanimala, razen če je bila resna.

**Il est devenu efficace à l'intérieur comme à l'extérieur, ne
gaspillant rien du tout.**

Postal je učinkovit znotraj in zunaj, pri čemer ni zapravljal
ničesar.

**Il pouvait manger des choses viles, pourries ou difficiles à
digérer.**

Lahko je jedel stvari, ki so bile gnusne, gnile ali težko
prebavljive.

**Quoi qu'il mange, son estomac utilisait jusqu'au dernier
morceau de valeur.**

Karkoli je pojedel, je njegov želodec porabil vse, kar je bilo
dragoceno.

**Son sang transportait les nutriments loin dans son corps
puissant.**

Njegova kri je hranila prenašala daleč po njegovem močnem
telesu.

**Cela a créé des tissus solides qui lui ont donné une
endurance incroyable.**

To je zgradilo močna tkiva, ki so mu dala neverjetno
vzdržljivost.

**Sa vue et son odorat sont devenus beaucoup plus sensibles
qu'avant.**

Njegov vid in voh sta postala veliko bolj občutljiva kot prej.

**Son ouïe est devenue si fine qu'il pouvait détecter des sons
faibles pendant son sommeil.**

Njegov sluh se je tako izostril, da je lahko med spanjem zaznal
rahle zvoke.

Il savait dans ses rêves si les sons signifiaient sécurité ou danger.

V sanjah je vedel, ali zvoki pomenijo varnost ali nevarnost.

Il a appris à mordre la glace entre ses orteils avec ses dents.

Naučil se je z zobmi grizeti led med prsti na nogah.

Si un point d'eau gelait, il brisait la glace avec ses jambes.

Če je vodna luknja zamrznila, je led prebil z nogami.

Il se cabra et frappa violemment la glace avec ses membres antérieurs raides.

Dvignil se je na zadnje noge in s trdimi sprednjimi okončinami močno udaril ob led.

Sa capacité la plus frappante était de prédire les changements de vent pendant la nuit.

Njegova najbolj presenetljiva sposobnost je bila napovedovanje sprememb vetra čez noč.

Même lorsque l'air était calme, il choisissait des endroits abrités du vent.

Tudi ko je bil zrak miren, je izbiral mesta, zaščitena pred vetrom.

Partout où il creusait son nid, le vent du lendemain le passait à côté de lui.

Kjerkoli si je izkopal gnezdo, ga je naslednji dan veter šel mimo.

Il finissait toujours par se blottir et se protéger, sous le vent.

Vedno se je našel udobno in zaščiteno, v zavetrju pred vetričem.

Buck n'a pas seulement appris par l'expérience : son instinct est également revenu.

Buck se ni učil le iz izkušenj – vrnili so se tudi njegovi instinkti.

Les habitudes des générations domestiquées ont commencé à disparaître.

Navade udomačenih generacij so začele izgubljati.

De manière vague, il se souvenait des temps anciens de sa race.

Nekako se je spominjal davnih časov svoje vrste.

Il repensa à l'époque où les chiens sauvages couraient en meute dans les forêts.

Spomnil se je časov, ko so divji psi v krdelih tekli po gozdovih.

Ils avaient poursuivi et tué leur proie en la poursuivant.

Med zasledovanjem so lovili in ubili svoj plen.

Il était facile pour Buck d'apprendre à se battre avec force et rapidité.

Buck se je zlahka naučil boriti z zobmi in hitrostjo.

Il utilisait des coupures, des entailles et des coups rapides, tout comme ses ancêtres.

Uporabljal je reze, poševne reze in hitre udarce, tako kot njegovi predniki.

Ces ancêtres se sont réveillés en lui et ont réveillé sa nature sauvage.

Ti predniki so se v njem prebudili in prebudili njegovo divjo naravo.

Leurs anciennes compétences lui avaient été transmises par le sang.

Njihove stare veščine so se nanj prenesle po krvni liniji.

Leurs tours étaient désormais à lui, sans besoin de pratique ni d'effort.

Njihovi triki so bili zdaj njegovi, brez vaje ali truda.

Lors des nuits calmes et froides, Buck levait le nez et hurlait.

V mirnih, hladnih nočeh je Buck dvignil nos in zavil.

Il hurla longuement et profondément, comme le faisaient les loups autrefois.

Zavil je dolgo in globoko, kot so to počeli volkovi nekoč davno.

À travers lui, ses ancêtres morts pointaient leur nez et hurlaient.

Skozi njega so njegovi mrtvi predniki kazali nosove in zavijali.

Ils ont hurlé à travers les siècles avec sa voix et sa forme.

Z njegovim glasom in obliko so tulili skozi stoletja.

Ses cadences étaient les leurs, de vieux cris qui parlaient de chagrin et de froid.

Njegove kadence so bile njihove, stari kriki, ki so pripovedovali o žalosti in mrazu.

Ils chantaient l'obscurité, la faim et le sens de l'hiver.

Peli so o temi, lakoti in pomenu zime.

Buck a prouvé que la vie est façonnée par des forces qui nous dépassent.

Buck je dokazal, kako življenje oblikujejo sile, ki presegajo samega sebe.

L'ancienne chanson s'éleva à travers Buck et s'empara de son âme.

Starodavna pesem se je dvignila skozi Bucka in ga prevzela v duši.

Il s'est retrouvé parce que les hommes avaient trouvé de l'or dans le Nord.

Našel se je, ker so moški na severu našli zlato.

Et il s'est retrouvé parce que Manuel, l'aide du jardinier, avait besoin d'argent.

In znašel se je, ker je Manuel, vrtnarjev pomočnik, potreboval denar.

La Bête Primordiale Dominante
Prevladujoča prvobitna zver

La bête primordiale dominante était aussi forte que jamais en Buck.

Dominantna prvobitna zver je bila v Bucku močna kot vedno.

Mais la bête primordiale dominante sommeillait en lui.

Toda dominantna prvobitna zver je v njem spela.

La vie sur le sentier était dure, mais elle renforçait la bête qui sommeillait en Buck.

Življenje na poti je bilo kruto, a je okrepilo zver v Bucku.

Secrètement, la bête devenait de plus en plus forte chaque jour.

Zver je na skrivaj postajala vsak dan močnejša in močnejša.

Mais cette croissance intérieure est restée cachée au monde extérieur.

Toda ta notranja rast je ostala skrita zunanjemu svetu.

Une force primordiale, calme et tranquille, se construisait à l'intérieur de Buck.

V Bucku se je gradila tiha in mirna prvobitna sila.

Une nouvelle ruse a donné à Buck l'équilibre, le calme, le contrôle et l'équilibre.

Nova zvitost je Bucku dala ravnotežje, miren nadzor in držo.

Buck s'est concentré sur son adaptation, sans jamais se sentir complètement détendu.

Buck se je močno osredotočil na prilagajanje, nikoli se ni počutil popolnoma sproščenega.

Il évitait les conflits, ne déclenchait jamais de bagarres et ne cherchait jamais les ennuis.

Izogibal se je konfliktom, nikoli ni začenjal prepirov ali iskal težav.

Une réflexion lente et constante façonnait chaque mouvement de Buck.

Počasna, enakomerna premišljenost je oblikovala vsako Buckovo potezo.

Il évitait les choix irréfléchis et les décisions soudaines et imprudentes.

Izogibal se je prenagljenim odločitvam in nenadnim, nepremišljenim odločitvam.

Bien que Buck détestait profondément Spitz, il ne lui montrait aucune agressivité.

Čeprav je Buck globoko sovražil Spitza, ni kazal nobene agresije do njega.

Buck n'a jamais provoqué Spitz et a gardé ses actions contenues.

Buck ni nikoli izzival Spitza in je svoja dejanja držal zadržan.

Spitz, de son côté, sentait le danger grandissant chez Buck.

Spitz pa je začutil naraščajočo nevarnost v Bucku.

Il considérait Buck comme une menace et un sérieux défi à son pouvoir.

Bucka je videl kot grožnjo in resen izziv svoji moči.

Il profitait de chaque occasion pour grogner et montrer ses dents acérées.

Izkoristil je vsako priložnost, da je zarenčal in pokazal svoje ostre zobe.

Il essayait de déclencher le combat mortel qui devait avoir lieu.

Poskušal je začeti smrtonosni boj, ki je moral priti.

Au début du voyage, une bagarre a failli éclater entre eux.

Na začetku potovanja se je med njima skoraj vnel pretep.

Mais un accident inattendu a empêché le combat d'avoir lieu.

Toda nepričakovana nesreča je preprečila pretep.

Ce soir-là, ils installèrent leur campement sur le lac Le Barge, extrêmement froid.

Tistega večera so postavili tabor ob mrzlem jezeru Le Barge.

La neige tombait fort et le vent soufflait comme un couteau.

Sneg je močno padal, veter pa je rezal kot nož.

La nuit était venue trop vite et l'obscurité les entourait.

Noč je prišla prehitro in tema jih je obdajala.

Ils n'auraient pas pu choisir un pire endroit pour se reposer.

Težko bi si lahko izbrali slabši kraj za počitek.

Les chiens cherchaient désespérément un endroit où se coucher.

Psi so obupano iskali prostor, kjer bi se lahko ulegli.

Un haut mur de roche s'élevait abruptement derrière le petit groupe.

Za majhno skupino se je strmo dvigala visoka skalna stena.

La tente avait été laissée à Dyea pour alléger la charge.

Šotor so pustili v Dyei, da bi olajšali breme.

Ils n'avaient pas d'autre choix que d'allumer le feu sur la glace elle-même.

Niso imeli druge izbire, kot da ogenj zakurijo na ledu.

Ils étendent leurs robes de nuit directement sur le lac gelé.

Svoje spalne halje so razprostrli neposredno na zamrznjenem jezeru.

Quelques bâtons de bois flotté leur ont donné un peu de feu.

Nekaj naplavljenih lesenih palic jim je dalo malo ognja.

Mais le feu s'est allumé sur la glace et a fondu à travers elle.

Toda ogenj je bil zaneten na ledu in se je skozenj stopil.

Finalement, ils mangeaient leur dîner dans l'obscurité.

Končno so večerjali v temi.

Buck s'est recroquevillé près du rocher, à l'abri du vent froid.

Buck se je zvil ob skali, zaveten pred mrzlim vetrom.

L'endroit était si chaud et sûr que Buck détestait déménager.

Kraj je bil tako topel in varen, da se Buck ni hotel odseliti.

Mais François avait réchauffé le poisson et distribuait les rations.

Toda François je pogrel ribo in delil obroke.

Buck finit de manger rapidement et retourna dans son lit.

Buck je hitro pojedel in se vrnil v posteljo.

Mais Spitz était maintenant allongé là où Buck avait fait son lit.

Toda Spitz je zdaj ležal tam, kjer mu je Buck postavil posteljo.

Un grognement sourd avertit Buck que Spitz refusait de bouger.

Tih renčanje je Bucka opozorilo, da se Spitz noče premakniti.

Jusqu'à présent, Buck avait évité ce combat avec Spitz.

Do sedaj se je Buck temu boju s Spitzom izogibal.

Mais au plus profond de Buck, la bête s'est finalement libérée.

Toda globoko v Bucku se je zver končno sprostila.

Le vol de son lieu de couchage était trop difficile à tolérer.

Kraja njegovega spalnega prostora je bila preveč huda, da bi jo prenesel.

Buck se lança sur Spitz, plein de colère et de rage.

Buck se je poln jeze in besa pognal proti Spitzu.

Jusqu'à présent, Spitz pensait que Buck n'était qu'un gros chien.

Do nedavnega je Spitz mislil, da je Buck samo velik pes.

Il ne pensait pas que Buck avait survécu grâce à son esprit.

Ni mislil, da je Buck preživel po zaslugi svojega duha.

Il s'attendait à la peur et à la lâcheté, pas à la fureur et à la vengeance.

Pričakoval je strah in strahopetnost, ne pa besa in maščevanja.

François regarda les deux chiens sortir du nid en ruine.

François je strmel, ko sta oba psa planila iz porušenega gnezda.

Il comprit immédiatement ce qui avait déclenché cette lutte sauvage.

Takoj je razumel, kaj je sprožilo divji boj.

« Aa-ah ! » s'écria François en soutien au chien brun.

„Aa-ah!" je François vzkliknil v podporo rjavemu psu.

« Frappez-le ! Par Dieu, punissez ce voleur sournois ! »

"Daj mu tep! Pri Bogu, kaznuj tega prebrisanega tatu!"

Spitz a montré une volonté égale et une impatience folle de se battre.

Spitz je pokazal enako pripravljenost in divjo vnemo za boj.

Il cria de rage tout en tournant rapidement en rond, cherchant une ouverture.

Medtem ko je hitro krožil in iskal odprtino, je besno zavpil.

Buck a montré la même soif de combat et la même prudence.

Buck je pokazal enako lakoto po boju in enako previdnost.

Il a également encerclé son adversaire, essayant de prendre le dessus dans la bataille.

Obkrožil je tudi svojega nasprotnika in poskušal pridobiti premoč v boju.

Puis quelque chose d'inattendu s'est produit et a tout changé.

Potem se je zgodilo nekaj nepričakovanega in vse spremenilo.

Ce moment a retardé l'éventuelle lutte pour le leadership.

Ta trenutek je odložil morebitni boj za vodstvo.

De nombreux kilomètres de piste et de lutte attendaient encore avant la fin.

Pred koncem je čakalo še veliko kilometrov poti in truda.

Perrault cria un juron tandis qu'une massue frappait un os.

Perrault je zakričal, ko je palica udarila ob kost.

Un cri aigu de douleur suivit, puis le chaos explosa tout autour.

Sledil je oster krik bolečine, nato pa je naokoli eksplodiral kaos.

Des formes sombres se déplaçaient dans le camp ; des huskies sauvages, affamés et féroces.

V taboru so se premikale temne postave; divji haskiji, sestradani in divji.

Quatre ou cinq douzaines de huskies avaient reniflé le camp de loin.

Štiri ali pet ducatov haskijev je že od daleč zavohalo tabor.

Ils s'étaient glissés discrètement pendant que les deux chiens se battaient à proximité.

Tiho so se priplazili noter, medtem ko sta se v bližini prepirala psa.

François et Perrault chargèrent en brandissant des massues sur les envahisseurs.

François in Perrault sta planila v napad in zamahnila s palicami proti napadalcem.

Les huskies affamés ont montré les dents et ont riposté avec frénésie.

Sestradani haskiji so pokazali zobe in se besno branili.

L'odeur de la viande et du pain les avait chassés de toute peur.

Vonj mesa in kruha jih je pregnal izven strahu.

Perrault battait un chien qui avait enfoui sa tête dans la boîte à nourriture.

Perrault je pretepel psa, ki je zakopal glavo v hlevu za hrano.

Le coup a été violent et la boîte s'est retournée, la nourriture s'est répandue.

Udarec je bil močan, škatla se je prevrnila in hrana se je razsula ven.

En quelques secondes, une vingtaine de bêtes sauvages déchirèrent le pain et la viande.

V nekaj sekundah je množica divjih zveri raztrgala kruh in meso.

Les gourdin masculins ont porté coup sur coup, mais aucun chien ne s'est détourné.

Moške palice so zadajale udarec za udarcem, a noben pes se ni obrnil stran.

Ils hurlaient de douleur, mais se battaient jusqu'à ce qu'il ne reste plus de nourriture.

Zavpili so od bolečine, a se borili, dokler jim ni ostalo nič hrane.

Pendant ce temps, les chiens de traîneau avaient sauté de leurs lits enneigés.

Medtem so vlečni psi poskočili iz svojih zasneženih ležišč.

Ils ont été immédiatement attaqués par les huskies vicieux et affamés.

Takoj so jih napadli zlobni lačni haskiji.

Buck n'avait jamais vu de créatures aussi sauvages et affamées auparavant.

Buck še nikoli ni videl tako divjih in sestradanih bitij.

Leur peau pendait librement, cachant à peine leur squelette.

Njihova koža je visela ohlapno in komaj skrivala okostja.

Il y avait un feu dans leurs yeux, de faim et de folie

V njihovih očeh je gorel ogenj od lakote in norosti

Il n'y avait aucun moyen de les arrêter, aucune résistance à leur ruée sauvage.

Ni jih bilo mogoče ustaviti; ni se bilo mogoče upreti njihovemu divjemu navalu.

Les chiens de traîneau furent repoussés, pressés contre la paroi de la falaise.

Vprežne pse so potisnili nazaj, pritisnili ob steno pečine.

Trois huskies ont attaqué Buck en même temps, déchirant sa chair.

Trije haskiji so hkrati napadli Bucka in mu trgali meso.

Du sang coulait de sa tête et de ses épaules, là où il avait été coupé.

Kri mu je tekla iz glave in ramen, kjer je bil porezan.

Le bruit remplissait le camp : grognements, cris et cris de douleur.

Hrup je napolnil tabor; renčanje, cviljenje in kriki bolečine.

Billee pleurait fort, comme d'habitude, prise dans la mêlée et la panique.

Billee je kot ponavadi glasno jokala, ujeta v prepiru in paniki.

Dave et Solleks se tenaient côte à côte, saignant mais provocants.

Dave in Solleks sta stala drug ob drugem, krvavela, a kljubovalna.

Joe s'est battu comme un démon, mordant tout ce qui s'approchait.

Joe se je boril kot demon in grizel vse, kar se mu je približalo.

Il a écrasé la jambe d'un husky d'un claquement brutal de ses mâchoires.

Z enim brutalnim sunkom čeljusti je zdrobil haskiju nogo.

Pike a sauté sur le husky blessé et lui a brisé le cou instantanément.

Ščuka je skočila na ranjenega haskija in mu v trenutku zlomila vrat.

Buck a attrapé un husky par la gorge et lui a déchiré la veine.

Buck je zgrabil haskija za grlo in mu raztrgal žilo.

Le sang gicla et le goût chaud poussa Buck dans une frénésie.

Kri je brizgala, topel okus pa je Bucka spravil v blaznost.

Il s'est jeté sur un autre agresseur sans hésitation.

Brez oklevanja se je vrgel na drugega napadalca.

Au même moment, des dents acérées s'enfoncèrent dans la gorge de Buck.

V istem trenutku so se ostri zobje zarile v Buckovo grlo.

Spitz avait frappé de côté, attaquant sans avertissement.

Spitz je udaril s strani, napadel je brez opozorila.

Perrault et François avaient vaincu les chiens en volant la nourriture.

Perrault in François sta premagala pse, ki so kradli hrano.

Ils se sont alors précipités pour aider leurs chiens à repousser les attaquants.

Zdaj so hiteli pomagati svojim psom, da bi se uprli napadalcem.

Les chiens affamés se retirèrent tandis que les hommes brandissaient leurs gourdins.

Sestradani psi so se umaknili, ko so moški zamahnili s palicami.

Buck s'est libéré de l'attaque, mais l'évasion a été brève.

Buck se je napadu izvlekel, a pobeg je bil kratek.

Les hommes ont couru pour sauver leurs chiens, et les huskies ont de nouveau afflué.

Moški so stekli rešit svoje pse, haskiji pa so se spet zgrinjali.

Billee, effrayé et courageux, sauta dans la meute de chiens.

Billee, prestrašena do poguma, je skočila v krdelo psov.

Mais il s'est alors enfui sur la glace, saisi de terreur et de panique.

Nato pa je v surovi grozi in paniki zbežal čez led.

Pike et Dub suivaient de près, courant pour sauver leur vie.

Pike in Dub sta tesno za njima tekla in si reševala življenje.

Le reste de l'équipe s'est séparé et dispersé, les suivant.

Preostali del ekipe se je razkropil in jim sledil.

Buck rassembla ses forces pour courir, mais vit alors un éclair.

Buck je zbral moči, da bi stekel, a nato je zagledal blisk.

Spitz s'est jeté sur le côté de Buck, essayant de le faire tomber au sol.

Spitz se je pognal k Bucku in ga poskušal zbiti na tla.

Sous cette foule de huskies, Buck n'aurait eu aucune échappatoire.

Pod to drhaljo haskijev Buck ne bi imel pobega.

Mais Buck est resté ferme et s'est préparé au coup de Spitz.

Toda Buck je ostal neomajno in se pripravil na Spitzov udarec.

Puis il s'est retourné et a couru sur la glace avec l'équipe en fuite.

Nato se je obrnil in stekel na led z bežečo ekipo.

Plus tard, les neuf chiens de traîneau se sont rassemblés à l'abri des bois.

Kasneje se je devet vprežnih psov zbralo v zavetju gozda.

Personne ne les poursuivait plus, mais ils étaient battus et blessés.

Nihče jih ni več preganjal, bili pa so pretepeni in ranjeni.

Chaque chien avait des blessures ; quatre ou cinq coupures profondes sur chaque corps.

Vsak pes je imel rane; štiri ali pet globokih ureznin na vsakem telesu.

Dub avait une patte arrière blessée et avait du mal à marcher maintenant.

Dub je imel poškodovano zadnjo nogo in je zdaj težko hodil.

Dolly, le nouveau chien de Dyea, avait la gorge tranchée.

Dolly, najnovejša psička iz Dyee, je imela prerezano grlo.

Joe avait perdu un œil et l'oreille de Billee était coupée en morceaux

Joe je izgubil oko, Billee pa je bilo odrezano uho.

Tous les chiens ont crié de douleur et de défaite toute la nuit.

Vsi psi so vso noč jokali od bolečine in poraza.

À l'aube, ils retournèrent au camp, endoloris et brisés.

Ob zori so se priplazili nazaj v tabor, boleči in zlomljeni.

Les huskies avaient disparu, mais le mal était fait.

Huskiji so izginili, a škoda je bila storjena.

Perrault et François étaient de mauvaise humeur à cause de la ruine.

Perrault in François sta slabe volje stala nad ruševinami.

La moitié de la nourriture avait disparu, volée par les voleurs affamés.

Polovice hrane je izginilo, saj so jo pograbili lačni tatovi.

Les huskies avaient déchiré les fixations et la toile du traîneau.

Haskiji so pretrgali vezi in platno sani.

Tout ce qui avait une odeur de nourriture avait été complètement dévoré.

Vse, kar je dišalo po hrani, je bilo popolnoma požrto.

Ils ont mangé une paire de bottes de voyage en peau d'élan de Perrault.

Pojedli so par Perraultovih potovalnih škornjev iz losove kože.

Ils ont mâché des reis en cuir et ruiné des sangles au point de les rendre inutilisables.

Žvečili so usnjene reise in uničili jermene do te mere, da so bili neuporabni.

François cessa de fixer le fouet déchiré pour vérifier les chiens.

François je nehal strmeti v raztrgano bičarko, da bi preveril pse.

« Ah, mes amis », dit-il d'une voix basse et pleine d'inquiétude.

„Ah, prijatelji moji," je rekel s tihim, zaskrbljenim glasom.

« Peut-être que toutes ces morsures vous transformeront en bêtes folles. »

"Morda vas bodo vsi ti ugrizi spremenili v nore zveri."

« Peut-être que ce sont tous des chiens enragés, sacredam ! Qu'en penses-tu, Perrault ? »

„Morda so vsi nori psi, sveto pismo! Kaj misliš, Perrault?"

Perrault secoua la tête, les yeux sombres d'inquiétude et de peur.

Perrault je zmajal z glavo, oči so mu bile potemnele od zaskrbljenosti in strahu.

Il y avait encore quatre cents milles entre eux et Dawson.

Od Dawsona jih je še vedno ločevalo štiristo milj.

La folie canine pourrait désormais détruire toute chance de survie.

Pasja norost bi zdaj lahko uničila vsako možnost preživetja.

Ils ont passé deux heures à jurer et à essayer de réparer le matériel.

Dve uri so preklinjali in poskušali popraviti opremo.

L'équipe blessée a finalement quitté le camp, brisée et vaincue.

Ranjena ekipa je končno zapustila tabor, zlomljena in poražena.

C'était le sentier le plus difficile jusqu'à présent, et chaque pas était douloureux.

To je bila najtežja pot doslej in vsak korak je bil boleč.

La rivière Thirty Mile n'était pas gelée et coulait à flots.

Reka Trideset milj ni zamrznila in je divje derela.

Ce n'est que dans les endroits calmes et les tourbillons que la glace parvenait à tenir.

Le na mirnih mestih in v vrtinčastih vrtincih se je led uspel zadržati.

Six jours de dur labeur se sont écoulés jusqu'à ce que les trente milles soient parcourus.

Šest dni trdega dela je minilo, preden so prevozili trideset milj.

Chaque kilomètre parcouru sur le sentier apportait du danger et une menace de mort.

Vsak kilometer poti je prinašal nevarnost in grožnjo smrti.

Les hommes et les chiens risquaient leur vie à chaque pas douloureux.

Moški in psi so tvegali svoja življenja z vsakim bolečim korakom.

Perrault a franchi des ponts de glace minces à une douzaine de reprises.

Perrault je tanke ledene mostove prebil ducat različnih krat.

Il portait une perche et la laissait tomber sur le trou que son corps avait fait.

Nosil je palico in jo spustil čez luknjo, ki jo je naredilo njegovo telo.

Plus d'une fois, ce poteau a sauvé Perrault de la noyade.

Ta palica je Perraulta večkrat rešila pred utopitvijo.

La vague de froid persistait, l'air était à cinquante degrés en dessous de zéro.

Hladen sunek se je vztrajno obdržal, zrak je bil petdeset stopinj pod ničlo.

Chaque fois qu'il tombait, Perrault devait allumer un feu pour survivre.

Vsakič, ko je padel noter, je moral Perrault zakuriti ogenj, da bi preživel.

Les vêtements mouillés gelaient rapidement, alors il les séchait près d'une source de chaleur intense.

Mokra oblačila so hitro zmrznila, zato jih je sušil blizu močne vročine.

Aucune peur n'a jamais touché Perrault, et cela a fait de lui un courrier.

Perraulta ni nikoli prevzel strah, in to ga je naredilo za kurirja.

Il a été choisi pour le danger, et il l'a affronté avec une résolution tranquille.

Izbran je bil za nevarnost in jo je sprejel s tiho odločnostjo.

Il s'avança face au vent, son visage ratatiné et gelé.

Tiskal se je naprej v veter, njegov zgužvani obraz je bil ozebel.

De l'aube naissante à la tombée de la nuit, Perrault les mena. en avant.

Od blede zore do mraka jih je Perrault vodil naprej.

Il marchait sur une étroite bordure de glace qui se fissurait à chaque pas.

Hodil je po ozkem ledenem robu, ki je počil z vsakim korakom.

Ils n'osaient pas s'arrêter : chaque pause risquait de provoquer un effondrement mortel.

Niso si upali ustaviti – vsak premor je tvegal smrtonosni zlom.

Un jour, le traîneau s'est brisé, entraînant Dave et Buck à l'intérieur.

Enkrat so se sani prebile in potegnile Davea in Bucka noter.

Au moment où ils ont été libérés, tous deux étaient presque gelés.

Ko so ju izvlekli na prostost, sta bila oba skoraj zmrznjena.

Les hommes ont rapidement allumé un feu pour garder Buck et Dave en vie.

Moški so hitro zakurili ogenj, da bi Bucka in Davea ohranili pri življenju.

Les chiens étaient recouverts de glace du nez à la queue, raides comme du bois sculpté.

Psi so bili od smrčka do repa prekriti z ledom, togi kot izrezljan les.

Les hommes les faisaient courir en rond près du feu pour décongeler leurs corps.

Moški so jih vodili v krogih blizu ognja, da bi se jim telesa odtalila.

Ils se sont approchés si près des flammes que leur fourrure a été brûlée.

Prišli so tako blizu plamenov, da jim je bila dlaka ožgana.

Spitz a ensuite brisé la glace, entraînant l'équipe derrière lui.

Spitz je naslednji prebil led in za seboj potegnil ekipo.

La cassure s'est étendue jusqu'à l'endroit où Buck tirait.

Odmor je segal vse do mesta, kjer je Buck vlekel.

Buck se pencha en arrière, ses pattes glissant et tremblant sur le bord.

Buck se je močno naslonil nazaj, šape so mu drsele in se tresle na robu.

Dave a également tendu vers l'arrière, juste derrière Buck sur la ligne.

Tudi Dave se je napenjal nazaj, tik za Buckom na vrvi.

François tirait sur le traîneau, ses muscles craquant sous l'effort.

François je vlekel sani, mišice so mu pokale od napora.

Une autre fois, la glace du bord s'est fissurée devant et derrière le traîneau.

Drugič je ledeni rob počil pred in za sanmi.

Ils n'avaient d'autre issue que d'escalader une paroi rocheuse gelée.

Niso imeli druge poti ven, kot da so splezali na zamrznjeno pečino.

Perrault a réussi à escalader le mur, mais un miracle l'a maintenu en vie.

Perrault je nekako splezal na zid; čudež ga je ohranil pri življenju.

François resta en bas, priant pour avoir le même genre de chance.

François je ostal spodaj in molil za enako srečo.

Ils ont attaché chaque sangle, chaque amarrage et chaque traçage en une seule longue corde.

Vsak trak, vrv in sled so zvezali v eno dolgo vrv.

Les hommes ont hissé chaque chien, un par un, jusqu'au sommet.

Moški so vsakega psa, enega za drugim, vlekli na vrh.

François est monté en dernier, après le traîneau et toute la charge.

François se je povzpel zadnji, za sanmi in celotnim tovorom.

Commença alors une longue recherche d'un chemin pour descendre des falaises.

Nato se je začelo dolgo iskanje poti navzdol s pečin.

Ils sont finalement descendus en utilisant la même corde qu'ils avaient fabriquée.

Končno so se spustili z isto vrvjo, ki so jo naredili.

La nuit tombait alors qu'ils retournaient au lit de la rivière, épuisés et endoloris.

Zmračilo se je, ko so se izčrpani in boleči vrnili v rečno strugo.

La journée entière ne leur avait permis de gagner qu'un quart de mile.

Cel dan so porabili za prevoz le četrt milje.

Au moment où ils atteignirent le Hootalinqua, Buck était épuisé.

Ko so prispeli do Hootalinque, je bil Buck izčrpan.

Les autres chiens ont tout autant souffert des conditions du sentier.

Drugi psi so zaradi razmer na poti trpeli prav tako hudo.

Mais Perrault avait besoin de récupérer du temps et les poussait chaque jour.

Toda Perrault je moral vzeti čas nazaj in jih je vsak dan pospeševal.

Le premier jour, ils ont parcouru trente miles jusqu'à Big Salmon.

Prvi dan so prepotovali trideset milj do Big Salmona.

Le lendemain, ils parcoururent trente-cinq milles jusqu'à Little Salmon.

Naslednji dan so prepotovali petintrideset milj do Little Salmona.

Le troisième jour, ils ont parcouru quarante longs kilomètres gelés.

Tretji dan so se prebili skozi dolga štirideseta kilometra, po katerih so zmrznili.

À ce moment-là, ils approchaient de la colonie de Five Fingers.

Takrat so se že bližali naselju Pet prstov.

Les pieds de Buck étaient plus doux que les pieds durs des huskies indigènes.

Buckove noge so bile mehkejše od trdih nog domačih haskijev.

Ses pattes étaient devenues plus fragiles au fil des générations civilisées.

Njegove šape so se v mnogih civiliziranih generacijah omehčale.

Il y a longtemps, ses ancêtres avaient été apprivoisés par des hommes de la rivière ou des chasseurs.

Njegove prednike so davno udomačili rečni možje ali lovci.

Chaque jour, Buck boitait de douleur, marchant sur des pattes à vif et douloureuses.

Buck je vsak dan šepal od bolečin in hodil po raztrganih, bolečih tacah.

Au camp, Buck tomba comme une forme sans vie sur la neige.

V taboru se je Buck zgrudil na sneg kot brezživo telo.

Bien qu'affamé, Buck ne s'est pas levé pour manger son repas du soir.

Čeprav je bil sestradan, Buck ni vstal, da bi pojedel večerjo.

François apporta sa ration à Buck, en déposant du poisson près de son museau.

François je prinesel Bucku njegov obrok, pri čemer mu je položil ribe k gobcu.

Chaque nuit, le chauffeur frottait les pieds de Buck pendant une demi-heure.
Vsako noč je voznik pol ure masiral Buckove noge.
François a même découpé ses propres mocassins pour en faire des chaussures pour chiens.
François je celo sam razrezal svoje mokasine, da bi iz njih naredil pasjo obutev.
Quatre chaussures chaudes ont apporté à Buck un grand et bienvenu soulagement.
Štirje topli čevlji so Bucku prinesli veliko in dobrodošlo olajšanje.
Un matin, François oublia ses chaussures et Buck refusa de se lever.
Nekega jutra je François pozabil čevlje, Buck pa ni hotel vstati.
Buck était allongé sur le dos, les pieds en l'air, les agitant pitoyablement.
Buck je ležal na hrbtu z nogami v zraku in jih žalostno mahal.
Même Perrault sourit à la vue de l'appel dramatique de Buck.
Celo Perrault se je zarežal ob pogledu na Buckovo dramatično prošnjo.
Bientôt, les pieds de Buck devinrent durs et les chaussures purent être jetées.
Kmalu so Buckove noge otrdele in čevlje je lahko zavrgel.
À Pelly, pendant le temps du harnais, Dolly laissait échapper un hurlement épouvantable.
Pri Pellyju je Dolly med vprego grozljivo zavpila.
Le cri était long et rempli de folie, secouant chaque chien.
Krik je bil dolg in poln norosti, stresel je vsakega psa.
Chaque chien se hérissait de peur sans en connaître la raison.
Vsak pes se je od strahu naježil, ne da bi vedel za razlog.
Dolly était devenue folle et s'était jetée directement sur Buck.
Dolly je ponorela in se vrgla naravnost na Bucka.
Buck n'avait jamais vu la folie, mais l'horreur remplissait son cœur.

Buck še nikoli ni videl norosti, a groza mu je napolnila srce.

Sans réfléchir, il se retourna et s'enfuit, complètement paniqué.

Brez pomisleka se je obrnil in v popolni paniki zbežal.

Dolly le poursuivit, les yeux fous, la salive s'échappant de ses mâchoires.

Dolly ga je lovila, z divjimi očmi in slino, ki ji je letela iz čeljusti.

Elle est restée juste derrière Buck, sans jamais gagner ni reculer.

Držala se je tik za Buckom, ga nikoli ni dohitevala in nikoli ni nazadovala.

Buck courut à travers les bois, le long de l'île, sur de la glace déchiquetée.

Buck je tekel skozi gozd, po otoku, čez nazobčan led.

Il traversa vers une île, puis une autre, revenant vers la rivière.

Prečkal je do enega otoka, nato do drugega in se nato vrnil k reki.

Dolly le poursuivait toujours, son grognement le suivant de près à chaque pas.

Dolly ga je še vedno lovila in renčala za njim na vsakem koraku.

Buck pouvait entendre son souffle et sa rage, même s'il n'osait pas regarder en arrière.

Buck je slišal njeno dihanje in bes, čeprav si ni upal pogledati nazaj.

François cria de loin, et Buck se tourna vers la voix.

François je zavpil od daleč in Buck se je obrnil proti glasu.

Encore à bout de souffle, Buck courut, plaçant tout espoir en François.

Buck je še vedno lovil sapo in stekel mimo, vse upanje pa je polagal v Françoisa.

Le conducteur du chien leva une hache et attendit que Buck passe à toute vitesse.

Gonič psa je dvignil sekiro in čakal, ko je Buck priletel mimo.

La hache s'abattit rapidement et frappa la tête de Dolly avec une force mortelle.

Sekira se je hitro spustila in s smrtonosno silo udarila Dolly v glavo.

Buck s'est effondré près du traîneau, essoufflé et incapable de bouger.

Buck se je zgrudil blizu sani, sopihal in se ni mogel premakniti.

Ce moment a donné à Spitz l'occasion de frapper un ennemi épuisé.

Ta trenutek je Spitzu dal priložnost, da udari izčrpanega nasprotnika.

Il a mordu Buck à deux reprises, déchirant la chair jusqu'à l'os blanc.

Dvakrat je ugriznil Bucka in mu raztrgal meso do bele kosti.

Le fouet de François claqua, frappant Spitz avec toute sa force et sa fureur.

Françoisov bič je počil in Spitza udaril z vso, besno silo.

Buck regarda avec joie Spitz recevoir sa raclée la plus dure jusqu'à présent.

Buck je z veseljem opazoval, kako je Spitz prejel svoje najhujše pretepe doslej.

« C'est un diable, ce Spitz », murmura sombrement Perrault pour lui-même.

„Pravi hudič je, ta Spitz," si je Perrault mračno zamrmral.

« Un jour prochain, ce maudit chien tuera Buck, je le jure. »

"Kmalu bo ta prekleti pes ubil Bucka – prisežem."

« Ce Buck a deux démons en lui », répondit François en hochant la tête.

„Ta Buck ima v sebi dva hudiča," je odgovoril François s kimanjem.

« Quand je regarde Buck, je sais que quelque chose de féroce l'attend. »

"Ko gledam Bucka, vem, da v njem čaka nekaj divjega."

« Un jour, il deviendra fou comme le feu et mettra Spitz en pièces. »

"Nekega dne bo ponorel kot ogenj in raztrgal Špica na koščke."

« Il va mâcher ce chien et le recracher sur la neige gelée. »

"Tega psa bo prežvečil in izpljunil na zmrznjen sneg."

« Bien sûr que non, je le sais au plus profond de moi. »

"Seveda, to vem globoko v sebi."

À partir de ce moment-là, les deux chiens étaient engagés dans une guerre.

Od tistega trenutka naprej sta bila psa ukleščena v vojno.

Spitz a dirigé l'équipe et a conservé le pouvoir, mais Buck a contesté cela.

Spitz je vodil ekipo in imel moč, toda Buck je to izzval.

Spitz a vu son rang menacé par cet étrange étranger du Sud.

Spitz je videl, da mu ta nenavadni tujec iz Južne Anglije ogroža položaj.

Buck ne ressemblait à aucun autre chien du sud que Spitz avait connu auparavant.

Buck ni bil podoben nobenemu južnjaškemu psu, ki ga je Spitz poznal prej.

La plupart d'entre eux ont échoué, trop faibles pour survivre au froid et à la faim.

Večina jih je propadla – bili so prešibki, da bi preživeli mraz in lakoto.

Ils sont morts rapidement à cause du travail, du gel et de la lenteur de la famine.

Hitro so umirali zaradi dela, zmrzali in počasnega gorenja lakote.

Buck se démarquait : plus fort, plus intelligent et plus sauvage chaque jour.

Buck je stal izven sebe – močnejši, pametnejši in vsak dan bolj divji.

Il a prospéré dans les difficultés, grandissant jusqu'à égaler les huskies du Nord.

V stiski je uspeval in zrasel, da bi se lahko kosal s severnimi haskiji.

Buck avait de la force, une habileté sauvage et un instinct patient et mortel.

Buck je imel moč, divjo spretnost in potrpežljiv, smrtonosni nagon.

L'homme avec la massue avait fait perdre à Buck toute témérité.

Mož s palico je Bucka pretepel.

La fureur aveugle avait disparu, remplacée par une ruse silencieuse et un contrôle.

Slepa jeza je izginila, nadomestila jo je tiha zvitost in nadzor.

Il attendait, calme et primitif, guettant le bon moment.

Čakal je, miren in prvinski, iskal je pravi trenutek.

Leur lutte pour le commandement est devenue inévitable et claire.

Njihov boj za poveljstvo je postal neizogiben in jasen.

Buck désirait être un leader parce que son esprit l'exigeait.

Buck si je želel vodstva, ker je to zahteval njegov duh.

Il était poussé par l'étrange fierté née du sentier et du harnais.

Gnal ga je nenavaden ponos, rojen iz poti in vprege.

Cette fierté a poussé les chiens à tirer jusqu'à ce qu'ils s'effondrent sur la neige.

Zaradi tega ponosa so psi vlekli, dokler se niso zgrudili na sneg.

L'orgueil les a poussés à donner toute la force qu'ils avaient.

Ponos jih je zvabil, da so dali vso svojo moč.

L'orgueil peut attirer un chien de traîneau jusqu'à la mort.

Ponos lahko zvabi vprežnega psa celo do smrti.

La perte du harnais a laissé les chiens brisés et sans but.

Izguba oprsnice je pse pustila zlomljene in brez smisla.

Le cœur d'un chien de traîneau peut être brisé par la honte lorsqu'il prend sa retraite.

Srce vlečnega psa lahko ob upokojitvi strje sram.

Dave vivait avec cette fierté alors qu'il tirait le traîneau par derrière.

Dave je živel s tem ponosom, ko je vlekel sani od zadaj.

Solleks, lui aussi, a tout donné avec une force et une loyauté redoutables.

Tudi Solleks je dal vse od sebe z mračno močjo in zvestobo.

Chaque matin, l'orgueil les faisait passer de l'amertume à la détermination.

Vsako jutro jih je ponos iz zagrenjenih spremenil v odločne.

Ils ont poussé toute la journée, puis sont restés silencieux à la fin du camp.

Ves dan so se prebijali, nato pa so na koncu tabora utihnili.

Cette fierté a donné à Spitz la force de battre les tire-au-flanc.

Ta ponos je dal Spitzu moč, da je premagal tiste, ki so se izogibali kazni.

Spitz craignait Buck parce que Buck portait cette même fierté profonde.

Spitz se je bal Bucka, ker je Buck nosil isti globok ponos.

L'orgueil de Buck s'est alors retourné contre Spitz, et il ne s'est pas arrêté.

Buckov ponos se je zdaj zbudil proti Spitzu in ni se ustavil.

Buck a défié le pouvoir de Spitz et l'a empêché de punir les chiens.

Buck je kljuboval Spitzovi moči in mu preprečil, da bi kaznoval pse.

Lorsque les autres échouaient, Buck s'interposait entre eux et leur chef.

Ko je drugim spodletelo, je Buck stopil mednje in njihovega vodjo.

Il l'a fait intentionnellement, en rendant son défi ouvert et clair.

To je storil namerno, s čimer je svoj izziv postavil odprto in jasno.

Une nuit, une forte neige a recouvert le monde d'un profond silence.

Neke noči je močan sneg zakril svet v globoko tišino.

Le lendemain matin, Pike, paresseux comme toujours, ne se leva pas pour aller travailler.

Naslednje jutro Pike, len kot vedno, ni vstal za delo.

Il est resté caché dans son nid sous une épaisse couche de neige.

Skril se je v svojem gnezdu pod debelo plastjo snega.

François a appelé et cherché, mais n'a pas pu trouver le chien.

François je poklical in iskal, vendar psa ni mogel najti.

Spitz devint furieux et se précipita à travers le camp couvert de neige.

Spitz se je razjezil in se pognal skozi zasneženi tabor.

Il grogna et renifla, creusant frénétiquement avec des yeux flamboyants.

Rjovel je in vohal, divje kopal z gorečimi očmi.

Sa rage était si féroce que Pike tremblait sous la neige de peur.

Njegova jeza je bila tako silovita, da se je Ščuka od strahu tresla pod snegom.

Lorsque Pike fut finalement retrouvé, Spitz se précipita pour punir le chien qui se cachait.

Ko so Pikea končno našli, se je Spitz pognal, da bi kaznoval skritega psa.

Mais Buck s'est précipité entre eux avec une fureur égale à celle de Spitz.

Toda Buck je skočil med njiju z besom, enakim Spitzovemu.

L'attaque fut si soudaine et intelligente que Spitz tomba.

Napad je bil tako nenaden in spreten, da je Spitz padel z nog.

Pike, qui tremblait, puisa du courage dans ce défi.

Pike, ki se je tresel, je zaradi tega kljubovanja dobil pogum.

Il sauta sur le Spitz tombé, suivant l'exemple audacieux de Buck.

Skočil je na padlega Špica in sledil Buckovemu drznemu zgledu.

Buck, n'étant plus tenu par l'équité, a rejoint la grève contre Spitz.

Buck, ki ga ni več vezovala pravičnost, se je pridružil stavki na Spitzu.

François, amusé mais ferme dans sa discipline, balançait son lourd fouet.

François, zabavan, a hkrati odločen v disciplini, je zamahnil s težkim bičem.

Il frappa Buck de toutes ses forces pour mettre fin au combat.

Z vso močjo je udaril Bucka, da bi prekinil pretep.

Buck a refusé de bouger et est resté au sommet du chef tombé.

Buck se ni hotel premakniti in je ostal na vrhu padlega vodje.

François a ensuite utilisé le manche du fouet, frappant Buck durement.

François je nato uporabil ročaj biča in močno udaril Bucka.

Titubant sous le coup, Buck recula sous l'assaut.

Buck se je opotekel od udarca in se pod napadom zgrudil nazaj.

François frappait encore et encore tandis que Spitz punissait Pike.

François je znova in znova udarjal, medtem ko je Spitz kaznoval Pikea.

Les jours passèrent et Dawson City se rapprocha de plus en plus.

Dnevi so minevali in Dawson City se je vedno bolj približeval.

Buck n'arrêtait pas d'intervenir, se glissant entre le Spitz et les autres chiens.

Buck se je nenehno vmešaval in se vtikal med Špica in druge pse.

Il choisissait bien ses moments, attendant toujours que François parte.

Dobro je izbiral trenutke in vedno čakal, da François odide.

La rébellion silencieuse de Buck s'est propagée et le désordre a pris racine dans l'équipe.

Buckov tihi upor se je širil in v ekipi se je ukoreninil nered.

Dave et Solleks sont restés fidèles, mais d'autres sont devenus indisciplinés.

Dave in Solleks sta ostala zvesta, drugi pa so postali neubogljivi.

L'équipe est devenue de plus en plus agitée, querelleuse et hors de propos.

Ekipa je postajala vse slabša – nemirna, prepirljiva in neprimerna.

Plus rien ne fonctionnait correctement et les bagarres devenaient courantes.

Nič več ni delovalo gladko in prepiri so postali nekaj
običajnega.

**Buck est resté au cœur des troubles, provoquant toujours des
troubles.**

Buck je ostal v središču težav in vedno izzival nemire.

**François restait vigilant, effrayé par le combat entre Buck et
Spitz.**

François je ostal pozoren, saj se je bal pretepa med Buckom in
Spitzem.

**Chaque nuit, des bagarres le réveillaient, craignant que le
commencement n'arrive enfin.**

Vsako noč so ga prebujali pretepi, saj se je bal, da je končno
prišel začetek.

Il sauta de sa robe, prêt à mettre fin au combat.

Skočil je s svoje halje, pripravljen prekiniti pretep.

**Mais le moment n'arriva jamais et ils atteignirent finalement
Dawson.**

Vendar trenutek ni nikoli prišel in končno so prispeli v
Dawson.

**L'équipe est entrée dans la ville un après-midi sombre,
tendu et calme.**

Ekipa je nekega mračnega popoldneva vstopila v mesto,
napeta in tiha.

**La grande bataille pour le leadership était encore en suspens
dans l'air glacial.**

Veliki boj za vodstvo je še vedno visel v ledenem zraku.

**Dawson était rempli d'hommes et de chiens de traîneau,
tous occupés à travailler.**

Dawson je bil poln moških in vprežnih psov, vsi zaposleni z
delom.

Buck regardait les chiens tirer des charges du matin au soir.

Buck je od jutra do večera opazoval pse, kako vlečejo tovore.

**Ils transportaient des bûches et du bois de chauffage et
acheminaient des fournitures vers les mines.**

Prevažali so hlode in drva, prevažali zaloge v rudnike.

**Là où les chevaux travaillaient autrefois dans le Southland,
les chiens travaillent désormais.**

Kjer so nekoč na jugu delali konji, so zdaj delali psi.

Buck a vu quelques chiens du Sud, mais la plupart étaient des huskies ressemblant à des loups.

Buck je videl nekaj psov z juga, vendar je bila večina volkov podobnih haskijev.

La nuit, comme une horloge, les chiens élevaient la voix pour chanter.

Ponoči so psi, kot ura, dvignili glas v pesmi.

À neuf heures, à minuit et à nouveau à trois heures, les chants ont commencé.

Ob devetih, ob polnoči in spet ob treh se je začelo petje.

Buck aimait se joindre à leur chant étrange, au son sauvage et ancien.

Buck se je rad pridružil njihovemu srhljivemu napevu, divjemu in starodavnemu po zvoku.

Les aurores boréales flamboyaient, les étoiles dansaient et la neige recouvrait le pays.

Aurora je gorela, zvezde so plesale in sneg je prekrival deželo.

Le chant des chiens s'éleva comme un cri contre le silence et le froid glacial.

Pasji spev se je dvignil kot krik proti tišini in hudemu mrazu.

Mais leur hurlement contenait de la tristesse, et non du défi, dans chaque longue note.

Toda v vsakem dolgem tonu je bilo čutiti žalost, ne kljubovanja.

Chaque cri plaintif était plein de supplications, le fardeau de la vie elle-même.

Vsak jok je bil poln prošenj; breme samega življenja.

Cette chanson était vieille, plus vieille que les villes et plus vieille que les incendies.

Ta pesem je bila stara – starejša od mest in starejša od požarov

Cette chanson était encore plus ancienne que les voix des hommes.

Ta pesem je bila celo starejša od človeških glasov.

C'était une chanson du monde des jeunes, quand toutes les chansons étaient tristes.

Bila je pesem iz mladega sveta, ko so bile vse pesmi žalostne.

La chanson portait la tristesse d'innombrables générations de chiens.

Pesem je nosila žalost neštetih generacij psov.

Buck ressentait profondément la mélodie, gémissant de douleur enracinée dans les âges.

Buck je melodijo začutil globoko, stokal je od bolečine, zakoreninjene v stoletjih.

Il sanglotait d'un chagrin aussi vieux que le sang sauvage dans ses veines.

Jokal je od žalosti, stare kot divja kri v njegovih žilah.

Le froid, l'obscurité et le mystère ont touché l'âme de Buck.

Mraz, tema in skrivnost so se dotaknili Buckove duše.

Cette chanson prouvait à quel point Buck était revenu à ses origines.

Ta pesem je dokazala, kako daleč se je Buck vrnil k svojim koreninam.

À travers la neige et les hurlements, il avait trouvé le début de sa propre vie.

Skozi sneg in tuljenje je našel začetek svojega življenja.

Sept jours après leur arrivée à Dawson, ils repartent.

Sedem dni po prihodu v Dawson so se znova odpravili na pot.

L'équipe est descendue de la caserne jusqu'au sentier du Yukon.

Ekipa se je iz vojašnice spustila na Yukon Trail.

Ils ont commencé le voyage de retour vers Dyea et Salt Water.

Začeli so pot nazaj proti Dyei in Salt Waterju.

Perrault portait des dépêches encore plus urgentes qu'auparavant.

Perrault je prenašal še bolj nujne pošiljke kot prej.

Il était également saisi par la fierté du sentier et avait pour objectif d'établir un record.

Prevzel ga je tudi ponos na pot in si je zadal cilj postaviti rekord.

Cette fois, plusieurs avantages étaient du côté de Perrault.

Tokrat je bilo več prednosti na Perraultovi strani.

Les chiens s'étaient reposés pendant une semaine entière et avaient repris des forces.

Psi so počivali cel teden in si povrnili moči.

Le sentier qu'ils avaient ouvert était maintenant damé par d'autres.

Pot, ki so jo utrli, so zdaj utrli drugi.

À certains endroits, la police avait stocké de la nourriture pour les chiens et les hommes.

Ponekod je policija shranila hrano tako za pse kot za moške.

Perrault voyageait léger, se déplaçait rapidement et n'avait pas grand-chose pour l'alourdir.

Perrault je potoval z malo prtljage, hitro se je gibal in ga ni bilo kaj obremenjevati.

Ils ont atteint Sixty-Mile, une course de cinquante milles, dès la première nuit.

Prvo noč so dosegli Sixty-Mile, petdeset milj dolg tek.

Le deuxième jour, ils se sont précipités sur le Yukon en direction de Pelly.

Drugi dan so hiteli po Yukonu proti Pellyju.

Mais ces beaux progrès ont été accompagnés de beaucoup de difficultés pour François.

Toda takšen lep napredek je za Françoisa prinesel veliko truda.

La rébellion silencieuse de Buck avait brisé la discipline de l'équipe.

Buckov tihi upor je razbil disciplino v ekipi.

Ils ne se rassemblaient plus comme une seule bête dans les rênes.

Niso več vlekli skupaj kot ena zver na vajetih.

Buck avait conduit d'autres personnes à la défiance par son exemple audacieux.

Buck je s svojim drznim zgledom druge speljal v kljubovanje.

L'ordre de Spitz n'a plus été accueilli avec crainte ou respect.

Spitzovega ukaza niso več sprejemali s strahom ali spoštovanjem.

Les autres ont perdu leur respect pour lui et ont osé résister à son règne.

Drugi so izgubili strahospoštovanje do njega in si drznili upreti njegovi vladavini.

Une nuit, Pike a volé la moitié d'un poisson et l'a mangé sous les yeux de Buck.

Neke noči je Pike ukradel pol ribe in jo pojedel pred Buckovim očesom.

Une autre nuit, Dub et Joe se sont battus contre Spitz et sont restés impunis.

Drugo noč sta se Dub in Joe borila s Spitzom in ostala nekaznovana.

Même Billee gémissait moins doucement et montrait une nouvelle vivacité.

Celo Billee je manj sladko cvilila in pokazala novo ostrino.

Buck grognait sur Spitz à chaque fois qu'ils se croisaient.

Buck je vsakič, ko sta se križala, renčal na Spitza.

L'attitude de Buck devint audacieuse et menaçante, presque comme celle d'un tyran.

Buckov odnos je postajal drzen in grozeč, skoraj kot pri nasilnežu.

Il marchait devant Spitz avec une démarche assurée, pleine de menace moqueuse.

Pred Spitzom je hodil bahavo, polno posmehljive grožnje.

Cet effondrement de l'ordre s'est également propagé parmi les chiens de traîneau.

Ta propad reda se je razširil tudi med sankalnimi psi.

Ils se battaient et se disputaient plus que jamais, remplissant le camp de bruit.

Prepirali in prepirali so se bolj kot kdaj koli prej, kar je tabor napolnilo s hrupom.

La vie au camp se transformait chaque nuit en un chaos sauvage et hurlant.

Življenje v taboru se je vsako noč spremenilo v divji, tuleči kaos.

Seuls Dave et Solleks sont restés stables et concentrés.

Le Dave in Solleks sta ostala mirna in osredotočena.

Mais même eux sont devenus colériques à cause des bagarres incessantes.

A tudi oni so zaradi nenehnih pretepov postali razdražljivi.

François jurait dans des langues étranges et piétinait de frustration.

François je preklinjal v čudnih jezikih in od frustracije topotal z nogami.

Il s'arrachait les cheveux et criait tandis que la neige volait sous ses pieds.

Pulil si je lase in kričal, medtem ko je sneg letel pod nogami.

Son fouet claqua sur le groupe, mais parvint à peine à les maintenir en ligne.

Njegov bič je švignil čez krdelo, a jih je komaj zadržal v vrsti.

Chaque fois qu'il tournait le dos, les combats reprenaient.

Kadar koli je obrnil hrbet, se je boj znova razplamtel.

François a utilisé le fouet pour Spitz, tandis que Buck a dirigé les rebelles.

François je bič uporabil za Spitza, medtem ko je Buck vodil upornike.

Chacun connaissait le rôle de l'autre, mais Buck évitait tout blâme.

Vsak je poznal vlogo drugega, vendar se je Buck izogibal vsakršni krivdi.

François n'a jamais surpris Buck en train de provoquer une bagarre ou de se dérober à son travail.

François ni nikoli zalotil Bucka pri začenjanju pretepa ali izogibanju delu.

Buck travaillait dur sous le harnais – le travail lui faisait désormais vibrer l'esprit.

Buck je trdo delal v vpregi – delo je zdaj navduševalo njegovega duha.

Mais il trouvait encore plus de joie à provoquer des bagarres et du chaos dans le camp.

Še več veselja pa je našel v povzročanju pretepov in kaosa v taboru.

Un soir, à l'embouchure du Tahkeena, Dub fit sursauter un lapin.

Nekega večera je Dub pri Tahkeeninih ustih prestrašil zajca.

Il a raté la prise et le lièvre d'Amérique s'est enfui.

Zgrešil je ulov in zajec na krpljah je odskočil.

En quelques secondes, toute l'équipe de traîneau s'est lancée à sa poursuite en poussant des cris sauvages.

V nekaj sekundah se je celotna sančna ekipa z divjimi kriki pognala v lov.

À proximité, un camp de la police du Nord-Ouest abritait une cinquantaine de chiens huskys.

V bližini je bilo v taboru severozahodne policije nastanjenih petdeset haskijev.

Ils se sont joints à la chasse, descendant ensemble la rivière gelée.

Pridružila sta se lovu in skupaj sta se spuščala po zamrznjeni reki.

Le lapin a quitté la rivière et s'est enfui dans le lit d'un ruisseau gelé.

Zajec je zavil z reke in zbežal po zamrznjeni strugi potoka navzgor.

Le lapin sautait légèrement sur la neige tandis que les chiens peinaient à se frayer un chemin.

Zajec je rahlo poskakoval po snegu, medtem ko so se psi prebijali skoznje.

Buck menait l'énorme meute de soixante chiens dans chaque virage sinueux.

Buck je vodil ogromno krdelo šestdesetih psov okoli vsakega vijugastega ovinka.

Il avança, bas et impatient, mais ne put gagner du terrain.

Pognal se je naprej, nizko in zagnano, a ni mogel pridobiti prostora.

Son corps brillait sous la lune pâle à chaque saut puissant.

Njegovo telo se je ob vsakem močnem skoku bliskalo pod bledo luno.

Devant, le lapin se déplaçait comme un fantôme, silencieux et trop rapide pour être attrapé.

Pred nami se je zajec premikal kot duh, tih in prehiter, da bi ga ujel.

Tous ces vieux instincts – la faim, le frisson – envahirent Buck.

Vsi tisti stari nagoni – lakota, vznemirjenje – so preplavili Bucka.

Les humains ressentent parfois cet instinct et sont poussés à chasser avec une arme à feu et des balles.

Ljudje včasih čutijo ta nagon, ki jih žene k lovu s puško in kroglo.

Mais Buck ressentait ce sentiment à un niveau plus profond et plus personnel.

Toda Buck je ta občutek čutil na globlji in bolj osebni ravni.

Ils ne pouvaient pas ressentir la nature sauvage dans leur sang comme Buck pouvait la ressentir.

Divjine v svoji krvi niso mogli čutiti tako, kot jo je čutil Buck.

Il chassait la viande vivante, prêt à tuer avec ses dents et à goûter le sang.

Lovil je živo meso, pripravljen ubiti z zobmi in okusiti kri.

Son corps se tendait de joie, voulant se baigner dans la vie rouge et chaude.

Njegovo telo se je napelo od veselja, želelo se je okopati v topli rdeči barvi življenja.

Une joie étrange marque le point le plus élevé que la vie puisse atteindre.

Nenavadno veselje označuje najvišjo točko, ki jo lahko življenje doseže.

La sensation d'un pic où les vivants oublient même qu'ils sont en vie.

Občutek vrha, kjer živi pozabijo, da so sploh živi.

Cette joie profonde touche l'artiste perdu dans une inspiration fulgurante.

To globoko veselje se dotakne umetnika, izgubljenega v žarečem navdihu.

Cette joie saisit le soldat qui se bat avec acharnement et n'épargne aucun ennemi.

To veselje prevzame vojaka, ki se divje bori in ne prizanaša nobenemu sovražniku.

Cette joie s'empara alors de Buck alors qu'il menait la meute dans une faim primitive.

To veselje je zdaj prevzelo Bucka, ko je v prvinski lakoti vodil krdelo.

Il hurla avec le cri ancien du loup, ravi par la chasse vivante.

Zavil je s starodavnim volčjim krikom, navdušen nad živim lovom.

Buck a puisé dans la partie la plus ancienne de lui-même, perdue dans la nature.

Buck se je dotaknil najstarejšega dela sebe, izgubljenega v divjini.

Il a puisé au plus profond de lui-même, au-delà de la mémoire, dans le temps brut et ancien.

Segel je globoko v sebe, mimo spomina, v surov, starodavni čas.

Une vague de vie pure a traversé chaque muscle et chaque tendon.

Val čistega življenja je preplavil vsako mišico in kito.

Chaque saut criait qu'il vivait, qu'il traversait la mort.

Vsak skok je kričal, da živi, da se premika skozi smrt.

Son corps s'élevait joyeusement au-dessus d'une terre calme et froide qui ne bougeait jamais.

Njegovo telo se je veselo dvigalo nad mirno, hladno zemljo, ki se ni nikoli premaknila.

Spitz est resté froid et rusé, même dans ses moments les plus fous.

Spitz je ostal hladen in prebrisan, tudi v svojih najbolj divjih trenutkih.

Il quitta le sentier et traversa un terrain où le ruisseau formait une large courbe.

Zapustil je pot in prečkal deželo, kjer se je potok široko zavil.

Buck, inconscient de cela, resta sur le chemin sinueux du lapin.

Buck se tega ni zavedal in je ostal na zajčji vijugasti poti.

Puis, alors que Buck tournait un virage, le lapin fantomatique était devant lui.

Potem, ko je Buck zavil za ovinek, se je pred njim pojavil duhu podoben zajec.

Il vit une deuxième silhouette sauter de la berge devant la proie.

Videl je drugo postavo, ki je skočila z brega pred plenom.

La silhouette était celle d'un Spitz, atterrissant juste sur le chemin du lapin en fuite.

Postava je bila Spitz, ki je pristal naravnost na poti bežečega zajca.

Le lapin ne pouvait pas se retourner et a rencontré les mâchoires de Spitz en plein vol.

Zajec se ni mogel obrniti in je v zraku srečal Spitzove čeljusti.

La colonne vertébrale du lapin se brisa avec un cri aussi aigu que le cri d'un humain mourant.

Zajčeva hrbtenica se je zlomila s krikom, ostrim kot krik umirajočega človeka.

À ce bruit – la chute de la vie à la mort – la meute hurla fort.

Ob tem zvoku – padcu iz življenja v smrt – je krdelo glasno zavpilo.

Un chœur sauvage s'éleva derrière Buck, plein de joie sombre.

Izza Bucka se je zaslišal divji zbor, poln temačnega veselja.

Buck n'a émis aucun cri, aucun son, et a chargé directement Spitz.

Buck ni zavpil, ni izdal nobenega glasu in se je pognal naravnost v Spitza.

Il a visé la gorge, mais a touché l'épaule à la place.

Nameril je v grlo, a je namesto tega zadel ramo.

Ils dégringolèrent dans la neige molle, leurs corps bloqués dans le combat.

Premetavali so se po mehkem snegu; njihova telesa so se spopadla v boju.

Spitz se releva rapidement, comme s'il n'avait jamais été renversé.

Spitz je hitro skočil pokonci, kot da ga sploh nihče ni podrl.

Il a entaillé l'épaule de Buck, puis s'est éloigné du combat.

Udaril je Bucka v ramo in nato skočil iz boja.

À deux reprises, ses dents claquèrent comme des pièges en acier, ses lèvres se retroussèrent et devinrent féroces.

Dvakrat so mu zobje skočili kot jeklene pasti, ustnice so bile stisnjene in divje.

Il recula lentement, cherchant un sol ferme sous ses pieds.

Počasi se je umikal in iskal trdna tla pod nogami.

Buck a compris le moment instantanément et pleinement.

Buck je trenutek razumel takoj in popolnoma.

Le moment était venu ; le combat allait être un combat à mort.

Prišel je čas; boj se je odvil na življenje in smrt.

Les deux chiens tournaient en rond, grognant, les oreilles plates, les yeux plissés.

Psa sta krožila okoli njih, renčala, s sploščenimi ušesi in zoženimi očmi.

Chaque chien attendait que l'autre montre une faiblesse ou fasse un faux pas.

Vsak pes je čakal, da drugi pokaže šibkost ali napačen korak.

Pour Buck, la scène semblait étrangement connue et profondément ancrée dans ses souvenirs.

Bucku se je prizor zdel nenavadno znan in globoko vtisnjen v spomin.

Les bois blancs, la terre froide, la bataille au clair de lune.

Beli gozdovi, mrzla zemlja, bitka pod mesečino.

Un silence pesant emplissait le pays, profond et contre nature.

Deželo je napolnila težka tišina, globoka in nenaravna.

Aucun vent ne soufflait, aucune feuille ne bougeait, aucun bruit ne brisait le silence.

Noben veter se ni premaknil, noben list se ni premaknil, noben zvok ni prekinil tišine.

Le souffle des chiens s'élevait comme de la fumée dans l'air glacial et calme.

Pasji dih se je dvigal kot dim v ledenem, tihem zraku.

Le lapin a été depuis longtemps oublié par la meute de bêtes sauvages.

Zajca je trop divjih zveri že zdavnaj pozabil.

Ces loups à moitié apprivoisés se tenaient maintenant immobiles dans un large cercle.

Ti napol ukročeni volkovi so zdaj stali pri miru v širokem krogu.

Ils étaient silencieux, seuls leurs yeux brillants révélaient leur faim.

Bili so tiho, le njihove žareče oči so razkrivale njihovo lakoto.

Leur souffle s'éleva, regardant le combat final commencer.

Zadržala sta dih, ko sta opazovala začetek zadnjega boja.

Pour Buck, cette bataille était ancienne et attendue, pas du tout étrange.

Za Bucka je bila ta bitka stara in pričakovana, sploh ne nenavadna.

C'était comme un souvenir de quelque chose qui devait arriver depuis toujours.

Občutek je bil kot spomin na nekaj, kar se je vedno moralo zgoditi.

Le Spitz était un chien de combat entraîné, affiné par d'innombrables bagarres sauvages.

Špic je bil izurjen bojni pes, izpilen z neštetimi divjimi pretepmi.

Du Spitzberg au Canada, il a vaincu de nombreux ennemis.

Od Spitzbergna do Kanade je obvladal številne sovražnike.

Il était rempli de fureur, mais n'a jamais cédé au contrôle de la rage.

Bil je poln besa, a jeze ni nikoli obvladal.

Sa passion était vive, mais toujours tempérée par un instinct dur.

Njegova strast je bila ostra, a vedno jo je krotil trd nagon.

Il n'a jamais attaqué jusqu'à ce que sa propre défense soit en place.

Nikoli ni napadel, dokler ni imel lastne obrambe.

Buck a essayé encore et encore d'atteindre le cou vulnérable de Spitz.

Buck je znova in znova poskušal doseči Spitzov ranljiv vrat.

Mais chaque coup était accueilli par un coup des dents acérées de Spitz.

Toda vsak udarec je bil počaščen z rezom Spitzovih ostrih zob.

Leurs crocs se sont heurtés et les deux chiens ont saigné de leurs lèvres déchirées.

Njuni zobje so se spopadli in oba psa sta krvavela iz raztrganih ustnic.

Peu importe comment Buck s'est lancé, il n'a pas pu briser la défense.

Ne glede na to, kako se je Buck pognal v napad, ni mogel prebiti obrambe.

Il devint de plus en plus furieux, se précipitant avec des explosions de puissance sauvages.

Postajal je vse bolj besen in planil noter z divjimi izbruhi moči.

À maintes reprises, Buck frappait la gorge blanche du Spitz.

Buck je znova in znova udarjal po Spitzovem belem grlu.

À chaque fois, Spitz esquivait et riposta avec une morsure tranchante.

Spitz se je vsakič izognil in udaril nazaj z rezalnim ugrizom.

Buck changea alors de tactique, se précipitant à nouveau comme pour atteindre la gorge.

Nato je Buck spremenil taktiko in se spet pognal, kot da bi mu šlo za grlo.

Mais il s'est retiré au milieu de l'attaque, se tournant pour frapper sur le côté.

A sredi napada se je umaknil in se obrnil, da bi udaril s strani.

Il a lancé son épaule sur Spitz, dans le but de le faire tomber.

Z ramo je zadel Spitza, da bi ga podrl.

À chaque fois qu'il essayait, Spitz esquivait et ripostait avec une frappe.

Vsakič, ko je poskusil, se je Spitz izognil in odvrnil z udarcem.

L'épaule de Buck était à vif alors que Spitz s'écartait après chaque coup.

Bucka je bolela rama, ko je Spitz po vsakem udarcu odskočil.

Spitz n'avait pas été touché, tandis que Buck saignait de nombreuses blessures.

Spitza se niso dotaknili, medtem ko je Buck krvavel iz številnih ran.

La respiration de Buck était rapide et lourde, son corps était couvert de sang.

Buck je hitro in težko dihal, telo pa je imel spolzko od krvi.

Le combat devenait plus brutal à chaque morsure et à chaque charge.

Boj je z vsakim ugrizom in napadom postajal bolj brutalen.

Autour d'eux, soixante chiens silencieux attendaient le premier à tomber.

Okoli njih je šestdeset tihih psov čakalo, da prvi pade.

Si un chien tombait, la meute allait mettre fin au combat.

Če bi en pes padel, bi krdelo končalo boj.

Spitz vit Buck faiblir et commença à attaquer.

Spitz je videl, da Buck slabi, in začel napadati.

Il a maintenu Buck en déséquilibre, le forçant à lutter pour garder pied.

Bucka je spravil iz ravnotežja in ga prisilil, da se je moral boriti za oporo.

Un jour, Buck trébucha et tomba, et tous les chiens se relevèrent.

Nekoč se je Buck spotaknil in padel, vsi psi pa so vstali.

Mais Buck s'est redressé au milieu de sa chute, et tout le monde s'est affalé.

Toda Buck se je sredi padca poravnal in vsi so se spet pogreznili.

Buck avait quelque chose de rare : une imagination née d'un instinct profond.

Buck je imel nekaj redkega – domišljijo, rojeno iz globokega nagona.

Il combattait par instinct naturel, mais aussi par ruse.

Boril se je z naravnim nagonom, a se je boril tudi z zvitostjo.

Il chargea à nouveau comme s'il répétait son tour d'attaque à l'épaule.

Ponovno je napadel, kot da bi ponavljal svoj trik z napadom z ramo.

Mais à la dernière seconde, il s'est laissé tomber et a balayé Spitz.

Toda v zadnjem trenutku se je spustil nizko in pometel pod Spitza.

Ses dents se sont bloquées sur la patte avant gauche de Spitz avec un claquement.

Njegovi zobje so se s poskokom zaskočili za Spitzovo sprednjo levo nogo.

Spitz était maintenant instable, son poids reposant sur seulement trois pattes.

Spitz je zdaj stal nestabilen, saj je težil le na treh nogah.

Buck frappa à nouveau, essaya trois fois de le faire tomber.

Buck je znova udaril in ga trikrat poskušal podreti.

À la quatrième tentative, il a utilisé le même mouvement avec succès.

V četrtem poskusu je uspešno uporabil isto potezo.

Cette fois, Buck a réussi à mordre la jambe droite du Spitz.

Tokrat je Bucku uspelo ugrizniti Spitzovo desno nogo.

Spitz, bien que paralysé et souffrant, continuait à lutter pour survivre.

Spitz, čeprav pohabljen in v agoniji, se je še naprej boril za preživetje.

Il vit le cercle de huskies se resserrer, la langue tirée, les yeux brillants.

Videl je, kako se krog haskijev zoži, z iztegnjenimi jeziki in žarečimi očmi.

Ils attendaient de le dévorer, comme ils l'avaient fait pour les autres.

Čakali so, da ga požrejo, tako kot so storili drugim.

Cette fois, il se tenait au centre, vaincu et condamné.

Tokrat je stal v središču; poražen in obsojen na propad.

Le chien blanc n'avait désormais plus aucune possibilité de s'échapper.

Beli pes ni imel več možnosti za pobeg.

Buck n'a montré aucune pitié, car la pitié n'avait pas sa place dans la nature.

Buck ni pokazal usmiljenja, saj usmiljenje v divjini ni bilo primerno.

Buck se déplaçait prudemment, se préparant à la charge finale.

Buck se je previdno premikal in se pripravljal na zadnji napad.

Le cercle des huskies se referma ; il sentit leur souffle chaud.

Krog haskijev se je zožil; čutil je njihov topel dih.

Ils s'accroupirent, prêts à bondir lorsque le moment viendrait.

Sklonili so se, pripravljeni skočiti, ko bo prišel pravi trenutek.

Spitz tremblait dans la neige, grognant et changeant de position.

Spitz se je tresel v snegu, renčal in spreminjal držo.

Ses yeux brillaient, ses lèvres se courbaient, ses dents brillaient dans une menace désespérée.

Oči so mu žarele, ustnice so se mu zvile, zobje pa so se mu zabliskali v obupani grožnji.

Il tituba, essayant toujours de résister à la morsure froide de la mort.

Omahnil se je, še vedno poskušajoč zadržati hladen ugriz smrti.

Il avait déjà vu cela auparavant, mais toujours du côté des gagnants.

To je že videl, ampak vedno z zmagovalne strani.

Il était désormais du côté des perdants, des vaincus, de la proie, de la mort.

Zdaj je bil na strani poražencev; poražencev; plena; smrti.

Buck tourna en rond pour porter le coup final, le cercle de chiens se rapprochant.

Buck se je obrnil za zadnji udarec, krog psov se je stisnil bližje.

Il pouvait sentir leur souffle chaud, prêt à tuer.

Čutil je njihov vroč dih; pripravljeni na uboj.

Un silence s'installa ; tout était à sa place ; le temps s'était arrêté.

Zavladala je tišina; vse je bilo na svojem mestu; čas se je ustavil.

Même l'air froid entre eux se figea un dernier instant.

Celo hladen zrak med njima je za zadnji trenutek zmrznil.

Seul Spitz bougea, essayant de retenir sa fin amère.

Samo Spitz se je premaknil in poskušal zadržati svoj grenki konec.

Le cercle des chiens se refermait autour de lui, comme l'était son destin.

Krog psov se je ovijal okoli njega, tako kot njegova usoda.

Il était désespéré maintenant, sachant ce qui allait se passer.

Zdaj je bil obupan, saj je vedel, kaj se bo zgodilo.

Buck bondit, épaule contre épaule une dernière fois.

Buck je skočil noter, rama se je srečala še zadnjič.

Les chiens se sont précipités en avant, couvrant Spitz dans l'obscurité neigeuse.

Psi so planili naprej in v snežni temi prekrili Spitza.

Buck regardait, debout, le vainqueur dans un monde sauvage.

Buck je opazoval, stoječ vzravnano; zmagovalec v divjem svetu.

La bête primordiale dominante avait fait sa proie, et c'était bien.

Dominantna prvobitna zver je ubila svojega, in to je bilo dobro.

Celui qui a gagné la maîtrise
On, ki je zmagal do mojstrstva

« Hein ? Qu'est-ce que j'ai dit ? Je dis vrai quand je dis que Buck est un démon. »

„Kaj? Kaj sem rekel? Resnico imam, ko pravim, da je Buck hudič."

François a dit cela le lendemain matin après avoir constaté la disparition de Spitz.

François je to povedal naslednje jutro, potem ko je ugotovil, da Spitz pogreša.

Buck se tenait là, couvert de blessures dues au combat acharné.

Buck je stal tam, prekrit z ranami od hudega boja.

François tira Buck près du feu et lui montra les blessures.

François je potegnil Bucka k ognju in pokazal na poškodbe.

« Ce Spitz s'est battu comme le Devik », dit Perrault en observant les profondes entailles.

»Ta Spitz se je boril kot Devik,« je rekel Perrault, medtem ko je opazoval globoke rane.

« Et ce Buck s'est battu comme deux diables », répondit aussitôt François.

„In ta Buck se je boril kot dva hudiča," je takoj odgovoril François.

« Maintenant, nous allons faire du bon temps ; plus de Spitz, plus de problèmes. »

"Zdaj bomo kar hitro napredovali; nič več Špica, nič več težav."

Perrault préparait le matériel et chargeait le traîneau avec soin.

Perrault je pakiral opremo in skrbno naložil sani.

François a attelé les chiens en prévision de la course du jour.

François je pse vpregel v pripravah na dnevni tek.

Buck a trotté directement vers la position de tête autrefois détenue par Spitz.

Buck je stekel naravnost do vodilnega položaja, ki ga je nekoč zasedal Spitz.

Mais François, sans s'en apercevoir, conduisit Solleks vers l'avant.

Toda François, ne da bi opazil, je Solleksa vodil naprej.

Aux yeux de François, Solleks était désormais le meilleur chien de tête.

Po Françoisovi presoji je bil Solleks zdaj najboljši pes za vodenje.

Buck se jeta sur Solleks avec fureur et le repoussa en signe de protestation.

Buck je besno skočil na Solleksa in ga v znak protesta potisnil nazaj.

Il se tenait là où Spitz s'était autrefois tenu, revendiquant la position de leader.

Stal je tam, kjer je nekoč stal Spitz, in si prisvojil vodilni položaj.

« Hein ? Hein ? » s'écria François en se frappant les cuisses d'un air amusé.

„Kaj? Ka?" je vzkliknil François in se zabavano tlesknil po stegnih.

« Regardez Buck, il a tué Spitz, et maintenant il veut prendre le poste ! »

„Poglej Bucka – ubil je Spitza, zdaj pa hoče prevzeti še službo!"

« Va-t'en, Chook ! » cria-t-il, essayant de chasser Buck.

„Pojdi stran, Chook!" je zavpil in poskušal odgnati Bucka.

Mais Buck refusa de bouger et resta ferme dans la neige.

Toda Buck se ni hotel premakniti in je trdno stal v snegu.

François attrapa Buck par la peau du cou et le tira sur le côté.

François je zgrabil Bucka za rit in ga odvlekel na stran.

Buck grogna bas et menaçant mais n'attaqua pas.

Buck je tiho in grozeče zarenčal, vendar ni napadel.

François a remis Solleks en tête, tentant de régler le différend

François je Solleks spet prevzel vodstvo in poskušal rešiti spor.

Le vieux chien avait peur de Buck et ne voulait pas rester.

Stari pes se je bal Bucka in ni hotel ostati.

Quand François lui tourna le dos, Buck chassa à nouveau Solleks.

Ko se je François obrnil, je Buck spet pregnal Solleksa ven.

Solleks n'a pas résisté et s'est discrètement écarté une fois de plus.

Solleks se ni upiral in se je spet tiho umaknil.

François s'est mis en colère et a crié : « Par Dieu, je te répare ! »

François se je razjezil in zavpil: »Pri Bogu, popravil te bom!«

Il s'approcha de Buck en tenant une lourde massue à la main.

Prišel je proti Bucku in v roki držal težko palico.

Buck se souvenait bien de l'homme au pull rouge.

Buck se je dobro spominjal moškega v rdečem puloverju.

Il recula lentement, observant François, mais grognant profondément.

Počasi se je umikal, opazoval Françoisa, a je pri tem globoko renčal.

Il ne s'est pas précipité en arrière, même lorsque Solleks s'est levé à sa place.

Ni se umaknil, niti ko je Solleks stal na njegovem mestu.

Buck tourna en rond juste hors de portée, grognant de fureur et de protestation.

Buck je krožil tik pred dosegom, besno in protestno renčajoč.

Il gardait les yeux fixés sur le gourdin, prêt à esquiver si François lançait.

Oči je imel uprte v palico, pripravljen se je izogniti, če bi jo François vrgel.

Il était devenu sage et prudent quant aux manières des hommes armés.

Postal je moder in previden glede načinov ravnanja z orožjem.

François abandonna et rappela Buck à son ancienne place.

François je obupal in spet poklical Bucka na svoje prejšnje mesto.

Mais Buck recula prudemment, refusant d'obéir à l'ordre.

Toda Buck je previdno stopil nazaj in ni hotel ubogati ukaza.

François le suivit, mais Buck ne recula que de quelques pas supplémentaires.

François mu je sledil, Buck pa se je umaknil le še nekaj korakov.

Après un certain temps, François jeta l'arme par frustration.

Čez nekaj časa je François v frustraciji vrgel orožje na tla.

Il pensait que Buck craignait d'être battu et qu'il allait venir tranquillement.

Mislil je, da se Buck boji pretepa in da bo prišel tiho.

Mais Buck n'évitait pas la punition : il se battait pour son rang.

Toda Buck se ni izogibal kazni – boril se je za čin.

Il avait gagné la place de chien de tête grâce à un combat à mort.

Mesto vodilnega psa si je prislužil z bojem na smrt.

il n'allait pas se contenter de moins que d'être le leader.

Ni se hotel zadovoljiti z nič manj kot s tem, da bi bil vodja.

Perrault a participé à la poursuite pour aider à attraper le Buck rebelle.

Perrault se je vmešal v zasledovanje, da bi pomagal ujeti uporniškega Bucka.

Ensemble, ils l'ont fait courir dans le camp pendant près d'une heure.

Skupaj sta ga skoraj eno uro vodila po taborišču.

Ils lui lancèrent des coups de massue, mais Buck les esquiva habilement.

Metali so ga s palicami, toda Buck se je vsaki spretno izognil.

Ils l'ont maudit, lui, ses ancêtres, ses descendants et chaque cheveu de sa personne.

Prekleli so njega, njegove prednike, njegove potomce in vsak las na njem.

Mais Buck se contenta de gronder en retour et resta hors de leur portée.

Toda Buck je le zarenčal nazaj in se ostal tik izven njihovega dosega.

Il n'a jamais essayé de s'enfuir mais a délibérément tourné autour du camp.

Nikoli ni poskušal pobegniti, ampak je namerno krožil okoli tabora.

Il a clairement fait savoir qu'il obéirait une fois qu'ils lui auraient donné ce qu'il voulait.

Jasno je dal vedeti, da bo ubogal, ko mu bodo dali, kar hoče.

François s'est finalement assis et s'est gratté la tête avec frustration.

François se je končno usedel in se od frustracije popraskal po glavi.

Perrault consulta sa montre, jura et marmonna à propos du temps perdu.

Perrault je pogledal na uro, preklinjal in mrmral o izgubljenem času.

Une heure s'était déjà écoulée alors qu'ils auraient dû être sur la piste.

Ura je že minila, ko bi morali biti na poti.

François haussa les épaules d'un air penaud en direction du coursier, qui soupira de défaite.

François je sramežljivo skomignil z rameni proti kurirju, ki je poraženo zavzdihnil.

François se dirigea alors vers Solleks et appela Buck une fois de plus.

Nato je François stopil do Solleksa in še enkrat poklical Bucka.

Buck rit comme rit un chien, mais garda une distance prudente.

Buck se je smejal kot pes, a je držal previdno razdaljo.

François retira le harnais de Solleks et le remit à sa place.

François je Solleksu snel oprsnico in ga vrnil na njegovo mesto.

L'équipe de traîneau était entièrement harnachée, avec seulement une place libre.

Sankaška vprega je stala popolnoma izprežena, le eno mesto je bilo prazno.

La position de tête est restée vide, clairement destinée à Buck seul.

Vodilni položaj je ostal prazen, očitno namenjen samo Bucku.

François appela à nouveau, et à nouveau Buck rit et tint bon.

François je spet poklical in Buck se je spet zasmejal in vztrajal pri svojem.

« Jetez le gourdin», ordonna Perrault sans hésitation.

»Vrzi palico,« je brez oklevanja ukazal Perrault.

François obéit et Buck trotta immédiatement en avant, fièrement.

François je ubogal in Buck je takoj ponosno stekel naprej.

Il rit triomphalement et prit la tête.

Zmagoslavno se je zasmejal in stopil na vodilni položaj.

François a sécurisé ses traces et le traîneau a été détaché.

François je zavaroval svoje sledi in sani so se odtrgale.

Les deux hommes couraient côte à côte tandis que l'équipe s'engageait sur le sentier de la rivière.

Oba moška sta tekla skupaj, ko je ekipa dirjala po rečni poti.

François avait une haute opinion des « deux diables » de Buck,

François je imel Buckova »dve hudiči« zelo dobro mnenje.

mais il s'est vite rendu compte qu'il avait en fait sous-estimé le chien.

a kmalu je spoznal, da je psa pravzaprav podcenil.

Buck a rapidement pris le leadership et a fait preuve d'excellence.

Buck je hitro prevzel vodstvo in se odlično odrezal.

En termes de jugement, de réflexion rapide et d'action, Buck a surpassé Spitz.

V presoji, hitrem razmišljanju in hitrem delovanju je Buck prekosil Spitza.

François n'avait jamais vu un chien égal à celui que Buck présentait maintenant.

François še nikoli ni videl psa, ki bi bil enak temu, kar je Buck zdaj razkazoval.

Mais Buck excellait vraiment dans l'art de faire respecter l'ordre et d'imposer le respect.

Toda Buck je resnično blestel v uveljavljanju reda in vzbujanju spoštovanja.

Dave et Solleks ont accepté le changement sans inquiétude ni protestation.

Dave in Solleks sta spremembo sprejela brez skrbi ali protesta.

Ils se concentraient uniquement sur le travail et tiraient fort sur les rênes.

Osredotočili so se le na delo in močno vlečenje vajeti.

Peu leur importait de savoir qui menait, tant que le traîneau continuait d'avancer.

Ni jih bilo mar, kdo vodi, dokler so se sani premikale.

Billee, la joyeuse, aurait pu diriger pour autant qu'ils s'en soucient.

Billee, tista vesela, bi lahko vodila, če bi jim bilo mar.

Ce qui comptait pour eux, c'était la paix et l'ordre dans les rangs.

Pomembna jim je bila mir in red v vrstah.

Le reste de l'équipe était devenu indiscipliné pendant le déclin de Spitz.

Preostali del ekipe je med Spitzovim upadanjem postal neubogljiv.

Ils furent choqués lorsque Buck les ramena immédiatement à l'ordre.

Bili so šokirani, ko jih je Buck takoj spravil v red.

Pike avait toujours été paresseux et traînait les pieds derrière Buck.

Pike je bil vedno len in se je vlekel za Buckom.

Mais maintenant, il a été sévèrement discipliné par la nouvelle direction.

A zdaj ga je novo vodstvo ostro discipliniralo.

Et il a rapidement appris à faire sa part dans l'équipe.

In hitro se je naučil prevzeti svojo vlogo v ekipi.

À la fin de la journée, Pike avait travaillé plus dur que jamais.

Do konca dneva je Pike delal bolj kot kdaj koli prej.

Cette nuit-là, au camp, Joe, le chien aigri, fut finalement maîtrisé.

Tisto noč v taboru je bil Joe, kisli pes, končno ukročen.

Spitz n'avait pas réussi à le discipliner, mais Buck n'avait pas échoué.

Spitz ga ni uspel disciplinirati, Buck pa ni odpovedal.

Grâce à son poids plus important, Buck a vaincu Joe en quelques secondes.

Buck je s svojo večjo težo v nekaj sekundah premagal Joeja.

Il a mordu et battu Joe jusqu'à ce qu'il gémisse et cesse de résister.

Grizel in pretepal je Joeja, dokler ni zastokal in se nehal upirati.

Toute l'équipe s'est améliorée à partir de ce moment-là.

Celotna ekipa se je od tistega trenutka naprej izboljšala.

Les chiens ont retrouvé leur ancienne unité et leur discipline.

Psi so si povrnili staro enotnost in disciplino.

À Rink Rapids, deux nouveaux huskies indigènes, Teek et Koona, nous ont rejoint.

V Rink Rapidsu sta se pridružila dva nova avtohtona haskija, Teek in Koona.

La rapidité avec laquelle Buck les dressa étonna même François.

Buckova hitra dresura je osupnila celo Françoisa.

« Il n'y a jamais eu de chien comme ce Buck ! » s'écria-t-il avec stupéfaction.

„Nikoli ni bilo takega psa kot je ta Buck!" je zavpil od začudenja.

« Non, jamais ! Il vaut mille dollars, bon sang ! »

"Ne, nikoli! Vreden je tisoč dolarjev, bogve!"

« Hein ? Qu'en dis-tu, Perrault ? » demanda-t-il avec fierté.

„Kaj? Kaj praviš, Perrault?" je vprašal s ponosom.

Perrault hocha la tête en signe d'accord et vérifia ses notes.

Perrault je prikimal v znak strinjanja in preveril svoje zapiske.

Nous sommes déjà en avance sur le calendrier et gagnons chaque jour davantage.

Že prehitevamo urnik in vsak dan pridobivamo več.

Le sentier était dur et lisse, sans neige fraîche.

Pot je bila utrjena in gladka, brez svežega snega.

Le froid était constant, oscillant autour de cinquante degrés en dessous de zéro.

Mraz je bil vztrajen, ves čas se je gibal okoli petdeset stopinj pod ničlo.

Les hommes montaient et couraient à tour de rôle pour se réchauffer et gagner du temps.

Moški so jahali in tekli izmenično, da bi se ogreli in imeli čas.

Les chiens couraient vite avec peu d'arrêts, poussant toujours vers l'avant.

Psi so tekli hitro z le nekaj postanki in vedno naprej.

La rivière Thirty Mile était en grande partie gelée et facile à traverser.

Reka Trideset milj je bila večinoma zamrznjena in jo je bilo enostavno prečkati.

Ils sont sortis en un jour, ce qui leur avait pris dix jours pour venir.

Odšli so v enem dnevu, kar je trajalo deset dni, da so prišli.

Ils ont parcouru une distance de soixante milles du lac Le Barge jusqu'à White Horse.

Pretekla sta šestdeset milj od jezera Le Barge do Belega konja.

À travers les lacs Marsh, Tagish et Bennett, ils se déplaçaient incroyablement vite.

Čez jezera Marsh, Tagish in Bennett so se premikali neverjetno hitro.

L'homme qui courait était tiré derrière le traîneau par une corde.

Tekalec je vlekel sani na vrvi.

La dernière nuit de la deuxième semaine, ils sont arrivés à destination.

Zadnjo noč drugega tedna so prispeli na cilj.

Ils avaient atteint ensemble le sommet du col White.

Skupaj sta dosegla vrh Belega prelaza.

Ils sont descendus au niveau de la mer avec les lumières de Skaguay en dessous d'eux.

Spustili so se na morsko gladino, pod njimi pa so bile luči Skaguaya.

Il s'agissait d'une course record à travers des kilomètres de nature froide et sauvage.

Bil je rekorden tek čez kilometre mrzle divjine.

Pendant quatorze jours d'affilée, ils ont parcouru en moyenne quarante miles.

Štirinajst dni zapored so v povprečju prevozili dobrih štirideset milj.

À Skaguay, Perrault et François transportaient des marchandises à travers la ville.

V Skaguayu sta Perrault in François prevažala tovor skozi mesto.

Ils ont été acclamés et ont reçu de nombreuses boissons de la part d'une foule admirative.

Občudujoča množica jih je pozdravljala in jim ponujala veliko pijače.

Les chasseurs de chiens et les ouvriers se sont rassemblés autour du célèbre attelage de chiens.

Lovci na pse in delavci so se zbrali okoli slavne pasje vprege.

Puis les hors-la-loi de l'Ouest arrivèrent en ville et subirent une violente défaite.

Nato so v mesto prišli zahodni izobčenci in doživeli nasilni poraz.

Les gens ont vite oublié l'équipe et se sont concentrés sur un nouveau drame.

Ljudje so kmalu pozabili na ekipo in se osredotočili na novo dramo.

Puis sont arrivées les nouvelles commandes qui ont tout changé d'un coup.

Nato so prišli novi ukazi, ki so vse naenkrat spremenili.

François appela Buck à lui et le serra dans ses bras avec une fierté larmoyante.

François je poklical Bucka k sebi in ga s solzami v ponosu objel.

Ce moment fut la dernière fois que Buck revit François.

Ta trenutek je bil zadnjič, ko je Buck spet videl Françoisa.

Comme beaucoup d'hommes avant eux, François et Perrault étaient tous deux partis.

Kot mnogi moški prej sta bila tudi François in Perrault
odsotna.

**Un métis écossais a pris en charge Buck et ses coéquipiers de
chiens de traîneau.**

Škotski mešanec je prevzel nadzor nad Buckom in njegovimi
soigralci v ekipi za vlečne pse.

**Avec une douzaine d'autres équipes de chiens, ils sont
retournés par le sentier jusqu'à Dawson.**

Z ducatom drugih pasjih vpreg so se vrnili po poti v Dawson.

**Ce n'était plus une course rapide, juste un travail pénible
avec une lourde charge chaque jour.**

Ni bilo več hitrega teka – le težko delo s težkim bremenom
vsak dan.

**C'était le train postal qui apportait des nouvelles aux
chercheurs d'or près du pôle.**

To je bil poštni vlak, ki je prinašal novice lovcem na zlato blizu
tečaja.

**Buck n'aimait pas le travail mais le supportait bien, étant
fier de ses efforts.**

Bucku delo ni bilo všeč, a ga je dobro prenašal in bil ponosen
na svoj trud.

**Comme Dave et Solleks, Buck a fait preuve de dévouement
dans chaque tâche quotidienne.**

Tako kot Dave in Solleks je tudi Buck pokazal predanost vsaki
dnevni nalogi.

**Il s'est assuré que chacun de ses coéquipiers fasse sa part du
travail.**

Poskrbel je, da bo vsak od njegovih soigralcev odgovarjal
svojim potrebam.

**La vie sur les sentiers est devenue ennuyeuse, répétée avec
la précision d'une machine.**

Življenje na poti je postalo dolgočasno, ponavljalo se je z
natančnostjo stroja.

**Chaque jour était le même, un matin se fondant dans le
suivant.**

Vsak dan je bil enak, eno jutro se je zlivalo z naslednjim.

À la même heure, les cuisiniers se levèrent pour allumer des feux et préparer la nourriture.

Ob isti uri so kuharji vstali, da bi zakurili ogenj in pripravili hrano.

Après le petit-déjeuner, certains quittèrent le camp tandis que d'autres attelèrent les chiens.

Po zajtrku so nekateri zapustili tabor, drugi pa so vpregli pse.

Ils ont pris la route avant que le faible avertissement de l'aube ne touche le ciel.

Na pot so se podali, še preden se je nebo dotaknilo medlo opozorilo na zori.

La nuit, ils s'arrêtaient pour camper, chaque homme ayant une tâche précise.

Ponoči so se ustavili, da bi postavili tabor, vsak moški pa je imel določeno dolžnost.

Certains ont monté les tentes, d'autres ont coupé du bois de chauffage et ramassé des branches de pin.

Nekateri so postavili šotore, drugi so sekali drva in nabirali borove veje.

De l'eau ou de la glace étaient ramenées aux cuisiniers pour le repas du soir.

Za večerjo so kuharjem prinesli vodo ali led.

Les chiens ont été nourris et c'était le meilleur moment de la journée pour eux.

Psi so bili nahranjeni in to je bil zanje najboljši del dneva.

Après avoir mangé du poisson, les chiens se sont détendus et se sont allongés près du feu.

Potem ko so pojedli ribo, so se psi sprostili in poležavali ob ognju.

Il y avait une centaine d'autres chiens dans le convoi avec lesquels se mêler.

V konvoju je bilo še sto drugih psov, s katerimi se je bilo mogoče družiti.

Beaucoup de ces chiens étaient féroces et prompts à se battre sans prévenir.

Mnogi od teh psov so bili divji in so se hitro borili brez opozorila.

Mais après trois victoires, Buck a maîtrisé même les combattants les plus féroces.

Toda po treh zmagah je Buck obvladal celo najhujše borce.

Maintenant, quand Buck grogna et montra ses dents, ils s'écartèrent.

Ko je Buck zarenčal in pokazal zobe, so se umaknili.

Mais le plus beau dans tout ça, c'est que Buck aimait s'allonger près du feu de camp vacillant.

Morda je bilo najboljše od vsega to, da je Buck rad ležal ob utripajočem tabornem ognju.

Il s'accroupit, les pattes arrière repliées et les pattes avant tendues vers l'avant.

Sklonil se je s pokrčenimi zadnjimi nogami in iztegnjenimi sprednjimi nogami naprej.

Sa tête était levée tandis qu'il cligna doucement des yeux devant les flammes rougeoyantes.

Dvignil je glavo in tiho pomežiknil proti žarečim plamenom.

Parfois, il se souvenait de la grande maison du juge Miller à Santa Clara.

Včasih se je spominjal velike hiše sodnika Millerja v Santa Clari.

Il pensait à la piscine en ciment, à Ysabel et au carlin appelé Toots.

Pomislil je na cementni bazen, na Ysabel in mopsa po imenu Toots.

Mais le plus souvent, il se souvenait du gourdin de l'homme au pull rouge.

A pogosteje se je spominjal moškega z rdečim puloverjem.

Il se souvenait de la mort de Curly et de sa bataille acharnée contre Spitz.

Spomnil se je Kodrastijeve smrti in njegovega hudega boja s Spitzom.

Il se souvenait aussi des bons plats qu'il avait mangés ou dont il rêvait encore.

Spomnil se je tudi dobre hrane, ki jo je jedel ali o kateri je še vedno sanjal.

Buck n'avait pas le mal du pays : la vallée chaude était lointaine et irréelle.

Buck ni čutil domotožja – topla dolina je bila oddaljena in neresnična.

Les souvenirs de Californie n'avaient plus vraiment d'influence sur lui.

Spomini na Kalifornijo ga niso več zares privlačili.

Plus forts que la mémoire étaient les instincts profondément ancrés dans sa lignée.

Močnejši od spomina so bili nagoni, globoko zakoreninjeni v njegovi krvni liniji.

Les habitudes autrefois perdues étaient revenues, ravivées par le sentier et la nature sauvage.

Navade, ki so jih nekoč izgubili, so se vrnile, oživljene s potjo in divjino.

Tandis que Buck regardait la lumière du feu, cela devenait parfois autre chose.

Ko je Buck opazoval svetlobo ognja, je ta včasih postala nekaj drugega.

Il vit à la lueur du feu un autre feu, plus vieux et plus profond que celui-ci.

V soju ognja je zagledal drug ogenj, starejši in globlji od sedanjega.

À côté de cet autre feu se tenait accroupi un homme qui ne ressemblait pas au cuisinier métis.

Ob tistem drugem ognju je čepel moški, ki ni bil podoben mešancu kuharju.

Cette figurine avait des jambes courtes, de longs bras et des muscles durs et noués.

Ta figura je imela kratke noge, dolge roke in trde, vozlane mišice.

Ses cheveux étaient longs et emmêlés, tombant en arrière à partir des yeux.

Njegovi lasje so bili dolgi in spleteni, padali so nazaj od oči.

Il émit des sons étranges et regarda l'obscurité avec peur.

Spuščal je čudne zvoke in prestrašeno strmel v temo.

Il tenait une massue en pierre basse, fermement serrée dans sa longue main rugueuse.

Kamnito palico je držal nizko, močno stisnjeno v dolgi, hrapavi roki.

L'homme portait peu de vêtements ; juste une peau carbonisée qui pendait dans son dos.

Moški je bil oblečen le v zoglenelo kožo, ki mu je visela po hrbtu.

Son corps était couvert de poils épais sur les bras, la poitrine et les cuisses.

Njegovo telo je bilo prekrito z gostimi dlakami po rokah, prsih in stegnih.

Certaines parties des cheveux étaient emmêlées en plaques de fourrure rugueuse.

Nekateri deli dlake so bili zapleteni v pramene grobe dlake.

Il ne se tenait pas droit mais penché en avant des hanches jusqu'aux genoux.

Ni stal vzravnano, ampak se je sklonil naprej od bokov do kolen.

Ses pas étaient élastiques et félins, comme s'il était toujours prêt à bondir.

Njegovi koraki so bili prožni in mačji, kot da bi bil vedno pripravljen skočiti.

Il y avait une vive vigilance, comme s'il vivait dans une peur constante.

Bila je ostra budnost, kot da bi živel v nenehnem strahu.

Cet homme ancien semblait s'attendre au danger, que le danger soit perçu ou non.

Zdelo se je, da ta starodavni mož pričakuje nevarnost, ne glede na to, ali je bila nevarnost vidna ali ne.

Parfois, l'homme poilu dormait près du feu, la tête entre les jambes.

Včasih je kosmati mož spal ob ognju, z glavo stisnjeno med noge.

Ses coudes reposaient sur ses genoux, ses mains jointes au-dessus de sa tête.

Komolce je imel naslonjene na kolena, roke sklenjene nad glavo.

Comme un chien, il utilisait ses bras velus pour se débarrasser de la pluie qui tombait.

Kot pes je s svojimi dlakavimi rokami brisal padajoči dež.

Au-delà de la lumière du feu, Buck vit deux charbons jumeaux briller dans l'obscurité.

Onkraj ognja je Buck v temi zagledal dvojni žerjav.

Toujours deux par deux, ils étaient les yeux des bêtes de proie traquantes.

Vedno dva krat dva, sta bila oči zalezovalnih zveri.

Il entendit des corps s'écraser à travers les broussailles et des bruits se faire entendre dans la nuit.

Slišal je trupla, ki so se tresla skozi grmovje, in zvoke, ki so se pojavljali v noči.

Allongé sur la rive du Yukon, clignant des yeux, Buck rêvait près du feu.

Buck je ležal na bregu Yukona in pomežiknil, sanjajoč ob ognju.

Les images et les sons de ce monde sauvage lui faisaient dresser les cheveux sur la tête.

Ob prizorih in zvokih tega divjega sveta so mu lasje vstali.

La fourrure s'élevait le long de son dos, de ses épaules et de son cou.

Dlaka se mu je dvigala po hrbtu, ramenih in vratu.

Il gémissait doucement ou émettait un grognement sourd au plus profond de sa poitrine.

Tiho je stokal ali pa globoko v prsih tiho zarjovel.

Alors le cuisinier métis cria : « Hé, toi Buck, réveille-toi ! »

Tedaj je mešanec kuhar zavpil: "Hej, Buck, zbudi se!"

Le monde des rêves a disparu et la vraie vie est revenue aux yeux de Buck.

Sanjski svet je izginil in v Buckove oči se je vrnilo resnično življenje.

Il allait se lever, s'étirer et bâiller, comme s'il venait de se réveiller d'une sieste.

Vstal bo, se pretegnil in zazehal, kot bi se prebudil iz dremeža.

Le voyage était difficile, avec le traîneau postal qui traînait derrière eux.

Pot je bila težka, saj se je za njimi vlekla poštna sani.

Les lourdes charges et le travail pénible épuisaient les chiens à chaque longue journée.

Težka bremena in naporno delo so pse vsak dolg dan izčrpavali.

Ils arrivèrent à Dawson maigres, fatigués et ayant besoin de plus d'une semaine de repos.

V Dawson so prispeli shujšani, utrujeni in potrebovali so več kot teden dni počitka.

Mais seulement deux jours plus tard, ils repartaient sur le Yukon.

Toda le dva dni kasneje so se spet odpravili po Yukonu.

Ils étaient chargés de lettres supplémentaires destinées au monde extérieur.

Naložena so bila s še več pismi, namenjenimi v zunanji svet.

Les chiens étaient épuisés et les hommes se plaignaient constamment.

Psi so bili izčrpani, moški pa so se nenehno pritoževali.

La neige tombait tous les jours, ramollissant le sentier et ralentissant les traîneaux.

Sneg je padal vsak dan, mehčal pot in upočasnjeval sani.

Cela a rendu la traction plus difficile et a entraîné plus de traînée sur les patins.

To je povzročilo težje vlečenje in večji upor na tekačih.

Malgré cela, les pilotes étaient justes et se souciaient de leurs équipes.

Kljub temu so bili vozniki pošteni in so skrbeli za svoje ekipe.

Chaque nuit, les chiens étaient nourris avant que les hommes ne puissent manger.

Vsako noč so pse nahranili, preden so moški lahko jedli.

Aucun homme ne dormait avant de vérifier les pattes de son propre chien.

Nihče ni spal, preden ni preveril nog svojega psa.

Cependant, les chiens s'affaiblissaient à mesure que les kilomètres s'écoulaient sur leur corps.

Kljub temu so psi postajali šibkejši, ko so kilometri nabirali njihova telesa.

Ils avaient parcouru mille huit cents kilomètres pendant l'hiver.

Čez zimo so prepotovali osemsto kilometrov.

Ils ont tiré des traîneaux sur chaque kilomètre de cette distance brutale.

Sani so vlekli čez vsako miljo te brutalne razdalje.

Même les chiens de traîneau les plus robustes ressentent de la tension après tant de kilomètres.

Tudi najtrši vlečni psi po toliko prevoženih kilometrih občutijo napor.

Buck a tenu bon, a permis à son équipe de travailler et a maintenu la discipline.

Buck je vztrajal, ohranjal delovanje svoje ekipe in disciplino.

Mais Buck était fatigué, tout comme les autres pendant le long voyage.

Toda Buck je bil utrujen, tako kot drugi na dolgi poti.

Billee gémissait et pleurait dans son sommeil chaque nuit sans faute.

Billee je vsako noč brez izjeme cvilil in jokal v spanju.

Joe devint encore plus amer et Solleks resta froid et distant.

Joe je postal še bolj zagrenjen, Solleks pa je ostal hladen in distanciran.

Mais c'est Dave qui a le plus souffert de toute l'équipe.

Ampak od celotne ekipe je bil Dave tisti, ki je najhuje trpel.

Quelque chose n'allait pas en lui, même si personne ne savait quoi.

Nekaj je šlo narobe v njem, čeprav nihče ni vedel, kaj.

Il est devenu de plus en plus maussade et s'en est pris aux autres avec une colère croissante.

Postajal je bolj muhast in se je z vse večjo jezo ostro spopadal z drugimi.

Chaque nuit, il se rendait directement à son nid, attendant d'être nourri.

Vsako noč je šel naravnost v svoje gnezdo in čakal, da ga nahranijo.

Une fois tombé, Dave ne s'est pas relevé avant le matin.

Ko je bil enkrat na tleh, se Dave ni zbudil do jutra.

Sur les rênes, des secousses ou des sursauts brusques le faisaient crier de douleur.

Na vajetih so ga nenadni sunki ali trzanje spravili v krik od bolečine.

Son chauffeur a recherché la cause du sinistre, mais n'a constaté aucune blessure.

Njegov voznik je iskal vzrok, vendar pri njem ni našel nobenih poškodb.

Tous les conducteurs ont commencé à regarder Dave et ont discuté de son cas.

Vsi vozniki so začeli opazovati Davea in razpravljati o njegovem primeru.

Ils ont discuté pendant les repas et pendant leur dernière cigarette de la journée.

Pogovarjala sta se pri obrokih in med zadnjim kajenjem dneva.

Une nuit, ils ont tenu une réunion et ont amené Dave au feu.

Neke noči so imeli sestanek in Davea pripeljali k ognju.

Ils pressèrent et sondèrent son corps, et il cria souvent.

Pritiskali in prebadali so njegovo telo, zato je pogosto kričal.

De toute évidence, quelque chose n'allait pas, même si aucun os ne semblait cassé.

Očitno je bilo nekaj narobe, čeprav se je zdelo, da ni zlomljenih nobenih kosti.

Au moment où ils atteignirent Cassiar Bar, Dave était en train de tomber.

Ko so prispeli do Cassiar Bara, je Dave že padal dol.

Le métis écossais a appelé à la fin et a retiré Dave de l'équipe.

Škotski mešanec je ustavil igro in Davea odstranil iz ekipe.

Il a attaché Solleks à la place de Dave, le plus près de l'avant du traîneau.

Solleks je pritrdil na Daveovo mesto, najbližje sprednjemu delu sani.

Il avait l'intention de laisser Dave se reposer et courir librement derrière le traîneau en mouvement.

Nameraval je pustiti Davea, da se spočije in prosto teče za premikajočimi se sanmi.

Mais même malade, Dave détestait être privé du travail qu'il avait occupé.

A kljub bolezni je Dave sovražil, da so ga vzeli iz službe, ki jo je prej opravljal.

Il grogna et gémit tandis que les rênes étaient retirées de son corps.

Zarenčal je in stokal, ko so mu vajeti sneli z telesa.

Quand il vit Solleks à sa place, il pleura de douleur.

Ko je zagledal Solleksa na svojem mestu, je jokal od strte bolečine.

La fierté du travail sur les sentiers était profonde chez Dave, même à l'approche de la mort.

Ponos na delo na poti je bil globoko v Daveu, tudi ko se je bližala smrt.

Alors que le traîneau se déplaçait, Dave pataugeait dans la neige molle près du sentier.

Medtem ko so se sani premikale, se je Dave spotikal po mehkem snegu blizu poti.

Il a attaqué Solleks, le mordant et le poussant du côté du traîneau.

Napadel je Solleksa, ga ugriznil in porinil s strani sani.

Dave a essayé de sauter dans le harnais et de récupérer sa place de travail.

Dave je poskušal skočiti v varnostni pas in si povrniti delovno mesto.

Il hurlait, gémissait et pleurait, déchiré entre la douleur et la fierté du travail.

Cvilil je, stokal in jokal, razpet med bolečino in ponosom pri delu.

Le métis a utilisé son fouet pour essayer de chasser Dave de l'équipe.

Mešanec je s svojim bičem poskušal Davea odgnati od ekipe.

Mais Dave ignora le coup de fouet, et l'homme ne put pas le frapper plus fort.

Toda Dave je ignoriral udarec z bičem in moški ga ni mogel udariti močneje.

Dave a refusé le chemin le plus facile derrière le traîneau, où la neige était tassée.

Dave je zavrnil lažjo pot za sanmi, kjer je bil sneg zbit.

Au lieu de cela, il se débattait dans la neige profonde à côté du sentier, dans la misère.

Namesto tega se je mučil v globokem snegu ob poti, v bedi.

Finalement, Dave s'est effondré, allongé dans la neige et hurlant de douleur.

Sčasoma se je Dave zgrudil, ležal v snegu in tulil od bolečin.

Il cria tandis que le long train de traîneaux le dépassait un par un.

Zavpil je, ko ga je dolga kolona sani ena za drugo peljala mimo.

Pourtant, avec ce qu'il lui restait de force, il se leva et trébucha après eux.

Vseeno pa je s preostalimi močmi vstal in se opotekajoče odpravil za njimi.

Il l'a rattrapé lorsque le train s'est arrêté à nouveau et a retrouvé son vieux traîneau.

Ko se je vlak spet ustavil, ga je dohitel in našel svoje stare sani.

Il a dépassé les autres équipes et s'est retrouvé à nouveau aux côtés de Solleks.

Prebil se je mimo drugih ekip in spet stal poleg Solleksa.

Alors que le conducteur s'arrêtait pour allumer sa pipe, Dave saisit sa dernière chance.

Ko se je voznik ustavil, da bi prižgal pipo, je Dave izkoristil še zadnjo priložnost.

Lorsque le chauffeur est revenu et a crié, l'équipe n'a pas avancé.

Ko se je voznik vrnil in zakričal, se ekipa ni premaknila naprej.

Les chiens avaient tourné la tête, déconcertés par l'arrêt soudain.

Psi so obrnili glave, zmedeni zaradi nenadne zaustavitve.

Le conducteur était également choqué : le traîneau n'avait pas avancé d'un pouce.

Tudi voznik je bil šokiran – sani se niso premaknile niti za centimeter naprej.

Il a appelé les autres pour qu'ils viennent voir ce qui s'était passé.

Poklical je ostale, naj pridejo pogledat, kaj se je zgodilo.

Dave avait mâché les rênes de Solleks, les brisant toutes les deux.

Dave je pregrizel Solleksove vajeti in jih obe raztrgal.

Il se tenait maintenant devant le traîneau, de retour à sa position légitime.

Zdaj je stal pred sanmi, spet na svojem pravem mestu.

Dave leva les yeux vers le conducteur, le suppliant silencieusement de rester dans les traces.

Dave je pogledal voznika in ga tiho prosil, naj ostane v zaostanku.

Le conducteur était perplexe, ne sachant pas quoi faire pour le chien en difficulté.

Voznik je bil zmeden in ni vedel, kaj naj stori za psa, ki se je mučil.

Les autres hommes parlaient de chiens qui étaient morts après avoir été emmenés dehors.

Drugi moški so govorili o psih, ki so poginili, ker so jih odpeljali ven.

Ils ont parlé de chiens âgés ou blessés dont le cœur se brisait lorsqu'ils étaient abandonnés.

Pripovedovali so o starih ali poškodovanih psih, ki so jim srce strlo, ko so jih pustili same.

Ils ont convenu que c'était une preuve de miséricorde de laisser Dave mourir alors qu'il était encore dans son harnais.

Strinjali so se, da je usmiljenje pustiti Davea umreti, medtem ko je bil še v varnostnem pasu.

Il était attaché au traîneau et Dave tirait avec fierté.

Privezali so ga nazaj na sani in Dave je ponosno vlekel.

Même s'il criait parfois, il travaillait comme si la douleur pouvait être ignorée.

Čeprav je včasih zavpil, je delal, kot da bi bolečino lahko prezrl.

Plus d'une fois, il est tombé et a été traîné avant de se relever.

Večkrat je padel in so ga vlekli, preden je spet vstal.

Un jour, le traîneau l'a écrasé et il a boité à partir de ce moment-là.

Enkrat so se sani prevrnile čez njega in od tistega trenutka naprej je šepal.

Il travailla néanmoins jusqu'à ce qu'il atteigne le camp, puis s'allongea près du feu.

Vseeno je delal, dokler ni dosegel tabora, nato pa se je ulegel k ognju.

Le matin, Dave était trop faible pour voyager ou même se tenir debout.

Do jutra je bil Dave prešibak, da bi lahko potoval ali celo stal pokonci.

Au moment de l'attelage, il essaya d'atteindre son conducteur avec un effort tremblant.

Ko je bil čas za pripenjanje, je s tresočim naporom poskušal doseči svojega voznika.

Il se força à se relever, tituba et s'effondra sur le sol enneigé.

Prisilil se je vstati, se opotekel in se zgrudil na zasnežena tla.

À l'aide de ses pattes avant, il a traîné son corps vers la zone de harnais.

S sprednjimi nogami je vlekel svoje telo proti območju za vprego.

Il s'avança, pouce par pouce, vers les chiens de travail.

Korak za korakom se je prebijal naprej proti delovnim psom.

Ses forces l'abandonnèrent, mais il continua d'avancer dans sa dernière poussée désespérée.

Moči so ga popuščale, a je v svojem zadnjem obupanem sunku vztrajal.

Ses coéquipiers l'ont vu haleter dans la neige, impatients de les rejoindre.

Soigralci so ga videli, kako je v snegu sopihal in si še vedno želel, da bi se jim pridružil.

Ils l'entendirent hurler de tristesse alors qu'ils quittaient le camp.

Slišali so ga, kako je žalostno zavijal, ko so zapuščali tabor.

Alors que l'équipe disparaissait dans les arbres, le cri de Dave résonna derrière eux.

Ko je ekipa izginila med drevesi, se je za njimi razlegel Daveov krik.

Le train de traîneaux s'est brièvement arrêté après avoir traversé un tronçon de forêt fluviale.

Vprega se je na kratko ustavila po prečkanju odseka rečnega gozda.

Le métis écossais retourna lentement vers le camp situé derrière lui.

Škotski mešanec se je počasi vračal proti taboru za seboj.

Les hommes ont arrêté de parler quand ils l'ont vu quitter le train de traîneaux.

Moški so nehali govoriti, ko so ga videli, da zapušča vlak sani.

Puis un coup de feu retentit clairement et distinctement de l'autre côté du sentier.

Nato je po poti jasno in ostro odjeknil en sam strel.

L'homme revint rapidement et reprit sa place sans un mot.

Moški se je hitro vrnil in brez besed zasedel svoje mesto.

Les fouets claquaient, les cloches tintaient et les traîneaux roulaient dans la neige.

Biči so pokali, zvončki so zazveneli in sani so se kotalile naprej skozi sneg.

Mais Buck savait ce qui s'était passé, et tous les autres chiens aussi.

Toda Buck je vedel, kaj se je zgodilo – in tako so vedeli tudi vsi drugi psi.

Le travail des rênes et du sentier
Trdo delo vajeti in poti

Trente jours après avoir quitté Dawson, le Salt Water Mail atteignit Skaguay.

Trideset dni po odhodu iz Dawsona je Salt Water Mail prispel v Skaguay.

Buck et ses coéquipiers ont pris la tête, arrivant dans un état pitoyable.

Buck in njegovi soigralci so prevzeli vodstvo, a so prispeli v obupnem stanju.

Buck était passé de cent quarante à cent quinze livres.

Buck je shujšal s sto štirideset na sto petnajst funtov.

Les autres chiens, bien que plus petits, avaient perdu encore plus de poids.

Drugi psi, čeprav manjši, so izgubili še več telesne teže.

Pike, autrefois un faux boiteux, traînait désormais derrière lui une jambe véritablement blessée.

Pike, nekoč lažni šepavec, je zdaj za seboj vlekel resnično poškodovano nogo.

Solleks boitait beaucoup et Dub avait une omoplate déchirée.

Solleks je močno šepal, Dub pa je imel izvinjeno lopatico.

Tous les chiens de l'équipe avaient mal aux pieds après des semaines passées sur le sentier gelé.

Vsak pes v ekipi je imel od tednov na zamrznjeni poti boleče noge.

Ils n'avaient plus aucun ressort dans leurs pas, seulement un mouvement lent et traînant.

V njihovih korakih ni bilo več pomladi, le počasno, vlečno gibanje.

Leurs pieds heurtent durement le sentier, chaque pas ajoutant plus de tension à leur corps.

Njihove noge so močno udarjale po poti, vsak korak pa je njihova telesa še bolj obremenjeval.

Ils n'étaient pas malades, seulement épuisés au-delà de toute guérison naturelle.

Niso bili bolni, le izčrpani do te mere, da so si opomogli do naravnega stanja.

Ce n'était pas la fatigue d'une dure journée, guérie par une nuit de repos.

To ni bila utrujenost po enem napornem dnevu, ki bi jo pozdravil nočni počitek.

C'était un épuisement qui s'était construit lentement au fil de mois d'efforts épuisants.

Bila je izčrpanost, ki se je počasi kopičila skozi mesece napornega truda.

Il ne leur restait plus aucune force de réserve : ils avaient épuisé toutes leurs forces.

Niso imeli nobene rezervne moči – porabili so že vse, kar so imeli.

Chaque muscle, chaque fibre et chaque cellule de leur corps étaient épuisés et usés.

Vsaka mišica, vlakno in celica v njihovih telesih je bila izčrpana in obrabljena.

Et il y avait une raison : ils avaient parcouru deux mille cinq cents kilomètres.

In za to je bil razlog – prevozili so dve tisoč petsto milj.

Ils ne s'étaient reposés que cinq jours au cours des mille huit cents derniers kilomètres.

V zadnjih osemsto kilometrih so počivali le pet dni.

Lorsqu'ils arrivèrent à Skaguay, ils semblaient à peine capables de se tenir debout.

Ko so prispeli v Skaguay, so bili videti komaj sposobni stati pokonci.

Ils ont lutté pour garder les rênes serrées et rester devant le traîneau.

Trudili so se, da bi trdno držali vajeti in ostali pred sanmi.

Dans les descentes, ils ont tout juste réussi à éviter d'être écrasés.

Na pobočjih navzdol so se le uspeli izogniti temu, da bi jih povozili.

« Continuez, pauvres pieds endoloris », dit le chauffeur tandis qu'ils boitaient.

»Naprej, ubogi bolni nogi,« je rekel voznik, medtem ko sta šepala naprej.

« C'est la dernière ligne droite, après quoi nous aurons tous droit à un long repos, c'est sûr. »

"To je zadnji del, potem pa si bomo vsi zagotovo privoščili en daljši počitek."

« Un très long repos », promit-il en les regardant avancer en titubant.

»En resnično dolg počitek,« je obljubil, medtem ko jih je opazoval, kako se opotekajo naprej.

Les pilotes s'attendaient à bénéficier d'une longue pause bien méritée.

Vozniki so pričakovali, da bodo zdaj deležni dolgega in potrebnega odmora.

Ils avaient parcouru douze cents milles avec seulement deux jours de repos.

Prepotovali so tisoč dvesto milj z le dvema dnevoma počitka.

Par souci d'équité et de raison, ils estimaient avoir mérité un temps de détente.

Po pravici in razumu so menili, da so si zaslužili čas za sprostitev.

Mais trop de gens étaient venus au Klondike et trop peu étaient restés chez eux.

Toda preveč jih je prišlo na Klondike in premalo jih je ostalo doma.

Les lettres des familles ont afflué, créant des piles de courrier en retard.

Pisma družin so se kopičila in ustvarjala kupe zamujene pošte.

Les ordres officiels sont arrivés : de nouveaux chiens de la Baie d'Hudson allaient prendre le relais.

Prispela so uradna navodila – novi psi iz Hudsonovega zaliva bodo prevzeli oblast.

Les chiens épuisés, désormais considérés comme sans valeur, devaient être éliminés.

Izčrpane pse, ki so jih zdaj označili za ničvredne, je bilo treba odstraniti.

Comme l'argent comptait plus que les chiens, ils allaient être vendus à bas prix.

Ker je bil denar pomembnejši od psov, so jih nameravali prodati poceni.

Trois jours supplémentaires passèrent avant que les chiens ne ressentent à quel point ils étaient faibles.

Minili so še trije dnevi, preden so psi začutili, kako šibki so.

Le quatrième matin, deux hommes venus des États-Unis ont acheté toute l'équipe.

Četrto jutro sta dva moška iz ZDA kupila celotno ekipo.

La vente comprenait tous les chiens, ainsi que leur harnais usagé.

Prodaja je vključevala vse pse in njihovo obrabljeno oprsnico.

Les hommes s'appelaient mutuellement « Hal » et « Charles » lorsqu'ils concluaient l'affaire.

Moška sta se med sklepanjem posla klicala »Hal« in »Charles«.

Charles était d'âge moyen, pâle, avec des lèvres molles et des pointes de moustache féroces.

Charles je bil srednjih let, bled, z mlahavimi ustnicami in ostrimi konicami brk.

Hal était un jeune homme, peut-être âgé de dix-neuf ans, portant une ceinture bourrée de cartouches.

Hal je bil mladenič, star morda devetnajst let, s pasom, polnim nabojev.

La ceinture contenait un gros revolver et un couteau de chasse, tous deux inutilisés.

Na pasu sta bila velik revolver in lovski nož, oba neuporabljena.

Cela a montré à quel point il était inexpérimenté et inapte à la vie dans le Nord.

To je pokazalo, kako neizkušen in neprimeren je bil za severno življenje.

Aucun des deux hommes n'appartenait à la nature sauvage ; leur présence défiait toute raison.

Nobeden od moških ni spadal v divjino; njuna prisotnost je kljubovala vsakemu razumu.

Buck a regardé l'argent échanger des mains entre l'acheteur et l'agent.

Buck je opazoval, kako si je kupec in agent izmenjevala denar.

Il savait que les conducteurs du train postal allaient le quitter comme les autres.

Vedel je, da vozniki poštnih vlakov zapuščajo tudi njegovo življenje tako kot vsi ostali.

Ils suivirent Perrault et François, désormais irrévocables.

Sledila sta Perraultu in Françoisu, ki ju je zdaj več ni bilo več.

Buck et l'équipe ont été conduits dans le camp négligé de leurs nouveaux propriétaires.

Bucka in ekipo so odpeljali v površno taborišče njihovih novih lastnikov.

La tente s'affaissait, la vaisselle était sale et tout était en désordre.

Šotor se je upogibal, posoda je bila umazana in vse je ležalo v neredu.

Buck remarqua également une femme : Mercedes, la femme de Charles et la sœur de Hal.

Buck je tam opazil tudi žensko – Mercedes, Charlesovo ženo in Halovo sestro.

Ils formaient une famille complète, bien que loin d'être adaptée au sentier.

Bila sta popolna družina, čeprav še zdaleč ni bila primerna za pot.

Buck regarda nerveusement le trio commencer à emballer les fournitures.

Buck je živčno opazoval, kako je trojica začela pakirati zaloge.

Ils ont travaillé dur mais sans ordre, juste du grabuge et des efforts gaspillés.

Trdo so delali, a brez reda – le hrup in zaman trud.

La tente a été roulée dans une forme volumineuse, beaucoup trop grande pour le traîneau.

Šotor je bil zvit v zajetno obliko, prevelik za sani.

La vaisselle sale a été emballée sans avoir été nettoyée ni séchée du tout.

Umazana posoda je bila zapakirana, ne da bi bila sploh oprana ali posušena.

Mercedes voltigeait, parlant constamment, corrigeant et intervenant.

Mercedes je frfotala naokoli, nenehno govorila, popravljala in se vmešavala.

Lorsqu'un sac était placé à l'avant, elle insistait pour qu'il soit placé à l'arrière.

Ko so spredaj položili vrečo, je vztrajala, da jo položijo tudi zadaj.

Elle a mis le sac au fond, et l'instant d'après, elle en avait besoin.

Vrečo je pospravila na dno in že naslednji trenutek jo je potrebovala.

Le traîneau a donc été déballé à nouveau pour atteindre le sac spécifique.

Torej so sani spet razpakirali, da bi dosegli tisto določeno vrečo.

À proximité, trois hommes se tenaient devant une tente, observant la scène se dérouler.

V bližini so pred šotorom stali trije moški in opazovali prizor.

Ils souriaient, faisaient des clins d'œil et souriaient à la confusion évidente des nouveaux arrivants.

Nasmehnili so se, pomežiknili in se zarežali ob očitni zmedenosti prišlekov.

« Vous avez déjà une charge très lourde », dit l'un des hommes.

„Že tako imaš kar precejšen tovor," je rekel eden od moških.

« Je ne pense pas que tu devrais porter cette tente, mais c'est ton choix. »

"Mislim, da tega šotora ne bi smel nositi, ampak to je tvoja odločitev."

« Inimaginable ! » s'écria Mercedes en levant les mains de désespoir.

„Nesanjano!" je vzkliknila Mercedes in v obupu dvignila roke.

« Comment pourrais-je voyager sans une tente sous laquelle dormir ? »

"Kako bi sploh lahko potoval brez šotora, pod katerim bi lahko bival?"

« C'est le printemps, vous ne verrez plus jamais de froid », répondit l'homme.

„Pomlad je – mrzlega vremena ne boste več videli," je odgovoril moški.

Mais elle secoua la tête et ils continuèrent à empiler des objets sur le traîneau.

Ampak je zmajala z glavo, oni pa so še naprej nalagali predmete na sani.

La charge s'élevait dangereusement alors qu'ils ajoutaient les dernières choses.

Tovor se je nevarno dvigal, ko so dodajali zadnje stvari.

« **Tu penses que le traîneau va rouler ?** » demanda l'un des hommes avec un regard sceptique.

„Misliš, da se bodo sani peljale?" je skeptično vprašal eden od moških.

« **Pourquoi pas ?** » rétorqua Charles, vivement agacé.

„Zakaj pa ne bi?" je Charles z ostro jezo odvrnil.

« Oh, ce n'est pas grave », dit rapidement l'homme, s'éloignant de l'offense.

„Oh, saj je vse v redu," je moški hitro rekel in se umaknil, da bi se užalil.

« **Je me demandais juste – ça me semblait un peu trop lourd.** »

„Samo spraševal sem se – meni se je zdelo, da je malo preveč težek."

Charles se détourna et attacha la charge du mieux qu'il put.

Karel se je obrnil stran in privezal tovor, kolikor je le mogel.

Mais les attaches étaient lâches et l'emballage mal fait dans l'ensemble.

Ampak pritrdilne vrvi so bile ohlapne in pakiranje na splošno slabo opravljeno.

« **Bien sûr, les chiens tireront ça toute la journée** », a dit un autre homme avec sarcasme.

»Seveda, psi bodo to vlekli ves dan,« je sarkastično rekel drug moški.

« Bien sûr », répondit froidement Hal en saisissant le long mât du traîneau.

„Seveda,“ je hladno odgovoril Hal in zgrabil dolgo palico za vprego sani.

D'une main sur le poteau, il faisait tournoyer le fouet dans l'autre.

Z eno roko na drogu je v drugi zamahnil z bičem.

« Allons-y ! » cria-t-il. « Allez ! » exhortant les chiens à démarrer.

„Gremo!“ je zavpil. „Premaknite se!“ je spodbudil pse, naj začnejo.

Les chiens se sont penchés sur le harnais et ont tendu pendant quelques instants.

Psi so se nagnili v oprsnico in se nekaj trenutkov napenjali.

Puis ils s'arrêtèrent, incapables de déplacer d'un pouce le traîneau surchargé.

Nato so se ustavili, saj preobremenjenih sani niso mogli premakniti niti za centimeter.

« Ces brutes paresseuses ! » hurla Hal en levant le fouet pour les frapper.

„Lene zveri!“ je zavpil Hal in dvignil bič, da bi jih udaril.

Mais Mercedes s'est précipitée et a saisi le fouet des mains de Hal.

Toda Mercedes je prihitela in Halu iztrgala bič iz rok.

« Oh, Hal, n'ose pas leur faire de mal », s'écria-t-elle, alarmée.

„Oh, Hal, ne drzni si jih poškodovati,“ je prestrašeno zavpila.

« Promets-moi que tu seras gentil avec eux, sinon je n'irai pas plus loin. »

"Obljubi mi, da boš prijazen do njih, sicer ne bom naredil niti koraka več."

« Tu ne connais rien aux chiens », lança Hal à sa sœur.

„Nič ne veš o psih,“ je Hal zarezal v sestro.

« Ils sont paresseux, et la seule façon de les déplacer est de les fouetter. »

"Leni so in edini način, da jih premakneš, je, da jih pretepeš."

« Demandez à n'importe qui, demandez à l'un de ces hommes là-bas si vous doutez de moi. »

„Vprašaj kogarkoli – vprašaj enega od tistih mož tam, če dvomiš vame."

Mercedes regarda les spectateurs avec des yeux suppliants et pleins de larmes.

Mercedes je s prošnjo, solznimi očmi pogledala opazovalce.

Son visage montrait à quel point elle détestait la vue de la douleur.

Na njenem obrazu je bilo razvidno, kako globoko je sovražila vsakršno bolečino.

« Ils sont faibles, c'est tout », dit un homme. « Ils sont épuisés. »

»Šibki so, to je vse,« je rekel en moški. »Izčrpani so.«

« Ils ont besoin de repos, ils ont travaillé trop longtemps sans pause. »

"Potrebujejo počitek – predolgo so delali brez odmora."

« Que le repos soit maudit », murmura Hal, la lèvre retroussée.

„Prekleto bodi ostalo," je zamrmral Hal s stisnjeno ustnico.

Mercedes haleta, clairement peinée par ce mot grossier de sa part.

Mercedes je zavzdihnila, očitno jo je prizadela njegova groba beseda.

Pourtant, elle est restée loyale et a immédiatement défendu son frère.

Kljub temu je ostala zvesta in takoj stopila v obrambo svojega brata.

« Ne fais pas attention à cet homme », dit-elle à Hal. « Ce sont nos chiens. »

„Ne zmeni se za tega človeka," je rekla Halu. „To so naši psi."

« Vous les conduisez comme bon vous semble, faites ce que vous pensez être juste. »

"Voziš jih, kot se ti zdi primerno – delaš, kar se ti zdi prav."

Hal leva le fouet et frappa à nouveau les chiens sans pitié.

Hal je dvignil bič in znova brez milosti udaril pse.

Ils se sont précipités en avant, le corps bas, les pieds poussant dans la neige.

Planili so naprej, s telesi nizko, z nogami, odrinjenimi od snega.

Toutes leurs forces étaient utilisées pour tirer, mais le traîneau ne bougeait pas.

Vso svojo moč so vložili v vleko, a sani se niso premaknile.

Le traîneau est resté coincé, comme une ancre figée dans la neige tassée.

Sani so ostale zataknjene, kot sidro, zamrznjeno v zbitem snegu.

Après un deuxième effort, les chiens s'arrêtèrent à nouveau, haletants.

Po drugem poskusu so se psi spet ustavili, močno sopihajoč.

Hal leva à nouveau le fouet, juste au moment où Mercedes intervenait à nouveau.

Hal je še enkrat dvignil bič, ravno ko se je Mercedes spet vmešala.

Elle tomba à genoux devant Buck et lui serra le cou.

Padla je na kolena pred Bucka in ga objela za vrat.

Les larmes lui montèrent aux yeux tandis qu'elle suppliait le chien épuisé.

Solze so ji napolnile oči, ko je prosila izčrpanega psa.

« Pauvres chéris », dit-elle, « pourquoi ne tirez-vous pas plus fort ? »

„Ubogi dragi moji," je rekla, „zakaj preprosto ne potegnete močneje?"

« Si tu tires, tu ne seras pas fouetté comme ça. »

"Če boš vlekel, te ne bodo tako bičali."

Buck n'aimait pas Mercedes, mais il était trop fatigué pour lui résister maintenant.

Buck ni maral Mercedes, a je bil preveč utrujen, da bi se ji zdaj upiral.

Il accepta ses larmes comme une simple partie de cette journée misérable.

Njene solze je sprejel le kot še en del bednega dne.

L'un des hommes qui regardaient a finalement parlé après avoir retenu sa colère.

Eden od opazovalcev je končno spregovoril, potem ko je zadržal jezo.

« Je me fiche de ce qui vous arrive, mais ces chiens comptent. »

"Ne zanima me, kaj se bo zgodilo z vami, ampak ti psi so pomembni."

« Si vous voulez aider, détachez ce traîneau, il est gelé dans la neige. »

"Če hočeš pomagati, odtrgaj tiste sani – zmrznile so do snega."

« Appuyez fort sur la perche, à droite et à gauche, et brisez le sceau de glace. »

"Močno potisnite na drog, desno in levo, in prebijte ledeni pečat."

Une troisième tentative a été faite, cette fois-ci suite à la suggestion de l'homme.

Opravljen je bil tretji poskus, tokrat po moškem predlogu.

Hal a balancé le traîneau d'un côté à l'autre, libérant les patins.

Hal je zibal sani z ene strani na drugo in s tem sprostil drsnike.

Le traîneau, bien que surchargé et maladroit, a finalement fait un bond en avant.

Sani, čeprav preobremenjene in nerodne, so se končno sunkovito premaknile naprej.

Buck et les autres tiraient sauvagement, poussés par une tempête de coups de fouet.

Buck in ostali so divje vlekli, gnani z nevihto bičnih udarcev.

Une centaine de mètres plus loin, le sentier courbait et descendait en pente dans la rue.

Sto metrov naprej se je pot zavila in strmo spuščala na ulico.

Il aurait fallu un conducteur expérimenté pour maintenir le traîneau droit.

Za vzdrževanje pokonci bi moral biti potreben spreten voznik.

Hal n'était pas habile et le traîneau a basculé en tournant dans le virage.

Hal ni bil spreten in sani so se prevrnile, ko so se zavile okoli ovinka.

Les sangles lâches ont cédé et la moitié de la charge s'est répandue sur la neige.

Ohlapne privezovalne vrvi so popustile in polovica tovora se je razsula na sneg.

Les chiens ne s'arrêtèrent pas ; le traîneau le plus léger volait sur le côté.

Psi se niso ustavili; lažje sani so letele naprej na boku.

En colère à cause des mauvais traitements et du lourd fardeau, les chiens couraient plus vite.

Jezni zaradi zlorabe in težkega bremena so psi tekli hitreje.

Buck, furieux, s'est mis à courir, suivi par l'équipe.

Buck se je v besu pognal v tek, ekipa pa mu je sledila.

Hal a crié « Whoa ! Whoa ! » mais l'équipe ne lui a pas prêté attention.

Hal je zavpil »Vau! Vau!«, vendar se ekipa ni zmenila zanj.

Il a trébuché, est tombé et a été traîné au sol par le harnais.

Spotaknil se je, padel in ga je pas vlekel po tleh.

Le traîneau renversé l'a heurté tandis que les chiens couraient devant.

Prevrnjene sani so ga prevrnile, medtem ko so psi dirjali naprej.

Le reste des fournitures est dispersé dans la rue animée de Skaguay.

Preostale zaloge so se raztresle po prometni ulici v Skaguayu.

Des personnes au grand cœur se sont précipitées pour arrêter les chiens et rassembler le matériel.

Dobrosrčni ljudje so hiteli ustavljat pse in pobirati opremo.

Ils ont également donné des conseils, directs et pratiques, aux nouveaux voyageurs.

Novim popotnikom so dajali tudi nasvete, neposredne in praktične.

« Si vous voulez atteindre Dawson, prenez la moitié du chargement et doublez les chiens. »

"Če želiš priti do Dawsona, vzemi polovico tovora in podvoji število psov."

Hal, Charles et Mercedes écoutaient, mais sans enthousiasme.

Hal, Charles in Mercedes so poslušali, čeprav ne z navdušenjem.

Ils ont installé leur tente et ont commencé à trier leurs provisions.

Postavili so šotor in začeli prebirati svoje zaloge.

Des conserves sont sorties, ce qui a fait rire les spectateurs.

Prišle so konzervirane jedi, kar je prisotne nasmejalo.

« Des conserves sur le sentier ? Tu vas mourir de faim avant qu'elles ne fondent », a dit l'un d'eux.

»Konzervirane stvari na poti? Umrl boš od lakote, preden se stopijo,« je rekel eden.

« Des couvertures d'hôtel ? Tu ferais mieux de toutes les jeter. »

"Hotelske odeje? Bolje je, da jih vse vržeš ven."

« Laissez tomber la tente aussi, et personne ne fait la vaisselle ici. »

"Če zapustiš tudi šotor, tukaj nihče ne pomiva posode."

« Tu crois que tu voyages dans un train Pullman avec des domestiques à bord ? »

„Misliš, da se voziš s Pullmanovim vlakom s služabniki na krovu?"

Le processus a commencé : chaque objet inutile a été jeté de côté.

Postopek se je začel – vsak neuporaben predmet je bil odvržen na stran.

Mercedes a pleuré lorsque ses sacs ont été vidés sur le sol enneigé.

Mercedes je jokala, ko so njene torbe izpraznili na zasnežena tla.

Elle sanglotait sur chaque objet jeté, un par un, sans pause.

Jokala je nad vsakim predmetom, ki ga je vrgla ven, enega za drugim brez premora.

Elle jura de ne plus faire un pas de plus, même pas pendant dix Charles.

Prisegla je, da ne bo naredila niti koraka več – niti za deset Charlesov.

Elle a supplié chaque personne à proximité de la laisser garder ses objets précieux.

Vsakogar v bližini je prosila, naj ji dovoli obdržati njene dragocene stvari.

Finalement, elle s'essuya les yeux et commença à jeter même les vêtements essentiels.

Končno si je obrisala oči in začela metati celo najpomembnejša oblačila.

Une fois les siennes terminées, elle commença à vider les provisions des hommes.

Ko je končala s svojimi, je začela prazniti moške zaloge.

Comme un tourbillon, elle a déchiré les affaires de Charles et Hal.

Kot vihar je razdejala Charlesove in Halove stvari.

Même si la charge était réduite de moitié, elle était encore bien plus lourde que nécessaire.

Čeprav se je tovor prepolovil, je bil še vedno veliko težji, kot je bilo potrebno.

Cette nuit-là, Charles et Hal sont sortis et ont acheté six nouveaux chiens.

Tisto noč sta Charles in Hal šla ven in kupila šest novih psov.

Ces nouveaux chiens ont rejoint les six originaux, plus Teek et Koona.

Ti novi psi so se pridružili prvotnim šestim, poleg Teeka in Koone.

Ensemble, ils formaient une équipe de quatorze chiens attelés au traîneau.

Skupaj so tvorili vprego štirinajstih psov, vpreženih v sani.

Mais les nouveaux chiens n'étaient pas aptes et mal entraînés au travail en traîneau.

Toda novi psi so bili neprimerni in slabo izurjeni za delo s sanmi.

Trois des chiens étaient des pointeurs à poil court et un était un Terre-Neuve.

Trije psi so bili kratkodlaki ptičarji, eden pa je bil novofundlandec.

Les deux derniers chiens étaient des bâtards sans race ni objectif clairement définis.

Zadnja dva psa sta bila mešanca brez jasne pasme ali namena.

Ils n'ont pas compris le sentier et ne l'ont pas appris rapidement.

Poti niso razumeli in se je niso hitro naučili.

Buck et ses compagnons les regardaient avec mépris et une profonde irritation.

Buck in njegovi tovariši so jih opazovali s prezirom in globoko razdraženostjo.

Bien que Buck leur ait appris ce qu'il ne fallait pas faire, il ne pouvait pas leur enseigner le devoir.

Čeprav jih je Buck naučil, česa ne smejo početi, jih ni mogel naučiti dolžnosti.

Ils n'ont pas bien supporté la vie sur les sentiers ni la traction des rênes et des traîneaux.

Niso se dobro prenašali vlečenja ali vleke vajeti in sani.

Seuls les bâtards essayaient de s'adapter, et même eux manquaient d'esprit combatif.

Le mešanci so se poskušali prilagoditi, pa tudi njim je manjkalo borbenega duha.

Les autres chiens étaient confus, affaiblis et brisés par leur nouvelle vie.

Drugi psi so bili zaradi svojega novega življenja zmedeni, oslabljeni in zlomljeni.

Les nouveaux chiens étant désemparés et les anciens épuisés, l'espoir était mince.

Ker so novi psi bili brez pojma, stari pa izčrpani, je bilo upanje majhno.

L'équipe de Buck avait parcouru deux mille cinq cents kilomètres de sentiers difficiles.

Buckova ekipa je prevozila dve tisoč petsto milj zahtevne poti.

Pourtant, les deux hommes étaient joyeux et fiers de leur grande équipe de chiens.

Kljub temu sta bila moška vesela in ponosna na svojo veliko pasjo ekipo.

Ils pensaient voyager avec style, avec quatorze chiens attelés.

Mislili so, da potujejo v stilu, s štirinajstimi poročenimi psi.

Ils avaient vu des traîneaux partir pour Dawson, et d'autres en arriver.

Videli so sani, ki so odhajale proti Dawsonu, in druge, ki so prihajale od tam.

Mais ils n'en avaient jamais vu un tiré par quatorze chiens.

Nikoli pa niso videli, da bi ga vleklo kar štirinajst psov.

Il y avait une raison pour laquelle de telles équipes étaient rares dans la nature sauvage de l'Arctique.

Obstajal je razlog, zakaj so bile takšne ekipe redke v arktični divjini.

Aucun traîneau ne pouvait transporter suffisamment de nourriture pour nourrir quatorze chiens pendant le voyage.

Nobene sani niso mogle prepeljati dovolj hrane, da bi nahranile štirinajst psov na poti.

Mais Charles et Hal ne le savaient pas : ils avaient fait le calcul.

Ampak Charles in Hal tega nista vedela – izračunala sta že sama.

Ils ont planifié la nourriture : tant par chien, tant de jours, et c'est fait.

Narisali so hrano: toliko na psa, toliko dni, končano.

Mercedes regarda leurs chiffres et hocha la tête comme si cela avait du sens.

Mercedes je pogledala njihove številke in prikimala, kot da bi bilo smiselno.

Tout cela lui semblait très simple, du moins sur le papier.

Vse skupaj se ji je zdelo zelo preprosto, vsaj na papirju.

Le lendemain matin, Buck conduisit lentement l'équipe dans la rue enneigée.

Naslednje jutro je Buck počasi vodil ekipo po zasneženi ulici.

Il n'y avait aucune énergie ni aucun esprit en lui ou chez les chiens derrière lui.

Niti v njem niti v psih za njim ni bilo ne energije ne duha.

Ils étaient épuisés dès le départ, il n'y avait plus de réserve.

Že od samega začetka so bili smrtno utrujeni – niso imeli več nobene rezerve.

Buck avait déjà effectué quatre voyages entre Salt Water et Dawson.

Buck je že opravil štiri vožnje med Salt Waterjem in Dawsonom.

Maintenant, confronté à nouveau à la même épreuve, il ne ressentait que de l'amertume.

Zdaj, ko se je spet soočil z isto potjo, ni čutil nič drugega kot grenkobo.

Son cœur n'y était pas, ni celui des autres chiens.

Njegovo srce ni bilo pri tem, prav tako ne srca drugih psov.

Les nouveaux chiens étaient timides et les huskies manquaient totalement de confiance.

Novi psi so bili plašni, haskiji pa so bili brez kakršnega koli zaupanja.

Buck sentait qu'il ne pouvait pas compter sur ces deux hommes ou sur leur sœur.

Buck je čutil, da se ne more zanesti ne na ta dva moška ne na njuno sestro.

Ils ne savaient rien et ne montraient aucun signe d'apprentissage sur le sentier.

Niso vedeli ničesar in na poti niso kazali nobenih znakov učenja.

Ils étaient désorganisés et manquaient de tout sens de la discipline.

Bili so neorganizirani in jim je manjkal vsakršen občutek za disciplino.

Il leur fallait à chaque fois la moitié de la nuit pour monter un campement bâclé.

Vsakič so potrebovali pol noči, da so postavili površen tabor.

Et ils passèrent la moitié de la matinée suivante à tâtonner à nouveau avec le traîneau.

In polovico naslednjega dopoldneva so spet preživeli v igri s sanmi.

À midi, ils s'arrêtaient souvent juste pour réparer la charge inégale.

Do poldneva so se pogosto ustavili samo zato, da bi popravili neenakomerno obremenitev.

Certains jours, ils parcouraient moins de dix milles au total.

Nekatere dni so prepotovali skupno manj kot deset milj.

D'autres jours, ils ne parvenaient pas du tout à quitter le camp.

Druge dni jim sploh ni uspelo zapustiti tabora.

Ils n'ont jamais réussi à couvrir la distance alimentaire prévue.

Nikoli se niso niti približali načrtovani razdalji za prevoz hrane.

Comme prévu, ils ont très vite manqué de nourriture pour les chiens.

Kot je bilo pričakovati, jim je hrane za pse zelo hitro zmanjkalo.

Ils ont aggravé la situation en les suralimentant au début.

V zgodnjih dneh so stvari še poslabšali s prenajedanjem.

À chaque ration négligée, la famine se rapprochait.

To je z vsakim neprevidnim obrokom približevalo lakoto.

Les nouveaux chiens n'avaient pas appris à survivre avec très peu.

Novi psi se niso naučili preživeti z zelo malo.

Ils mangeaient avec faim, avec un appétit trop grand pour le sentier.

Jedli so lačno, saj so imeli prevelik apetit za pot.

Voyant les chiens s'affaiblir, Hal pensait que la nourriture n'était pas suffisante.

Ko je videl, kako psi slabijo, je Hal verjel, da hrana ni dovolj.

Il a doublé les rations, rendant l'erreur encore pire.

Podvojil je obroke, s čimer je napako še poslabšal.

Mercedes a aggravé le problème avec ses larmes et ses douces supplications.

Mercedes je težavo še poslabšala s solzami in tihim moledovanjem.

Comme elle n'arrivait pas à convaincre Hal, elle nourrissait les chiens en secret.

Ko Hala ni mogla prepričati, je pse na skrivaj nahranila.

Elle a volé des sacs de poissons et les leur a donnés dans son dos.

Ukradla je iz vreč z ribami in jim jih dala za njegovim hrbtom.

Mais ce dont les chiens avaient réellement besoin, ce n'était pas de plus de nourriture, mais de repos.

Toda psi v resnici niso potrebovali več hrane – potrebovali so počitek.

Ils progressaient mal, mais le lourd traîneau continuait à avancer.

Počasi so se vozili, a težke sani so se še vedno vlekle.

Ce poids à lui seul épuisait chaque jour leurs forces restantes.

Že sama teža jim je vsak dan izčrpala preostalo moč.

Puis vint l'étape de la sous-alimentation, les réserves s'épuisant.

Nato je prišla faza podhranjenosti, saj je zalog zmanjkalo.

Un matin, Hal s'est rendu compte que la moitié de la nourriture pour chien avait déjà disparu.

Hal je nekega jutra ugotovil, da je polovica pasje hrane že izginila.

Ils n'avaient parcouru qu'un quart de la distance totale du sentier.

Prepotovali so le četrtino celotne razdalje poti.

On ne pouvait plus acheter de nourriture, quel que soit le prix proposé.

Hrane ni bilo mogoče kupiti več, ne glede na ponujeno ceno.

Il a réduit les portions des chiens en dessous de la ration quotidienne standard.

Psom je zmanjšal porcije pod standardni dnevni obrok.

Dans le même temps, il a exigé des voyages plus longs pour compenser la perte.

Hkrati je zahteval daljša potovanja, da bi nadomestil izgubo.

Mercedes et Charles ont soutenu ce plan, mais ont échoué dans son exécution.

Mercedes in Charles sta ta načrt podprla, vendar ju ni uspelo izvesti.

Leur lourd traîneau et leur manque de compétences rendaient la progression presque impossible.

Zaradi težkih sani in pomanjkanja spretnosti je bil napredek skoraj nemogoč.

Il était facile de donner moins de nourriture, mais impossible de forcer plus d'efforts.

Lahko je bilo dati manj hrane, nemogoče pa je bilo prisiliti k večjemu trudu.

Ils ne pouvaient pas commencer plus tôt, ni voyager pendant des heures supplémentaires.

Niso mogli začeti zgodaj, niti potovati dlje časa.

Ils ne savaient pas comment travailler les chiens, ni eux-mêmes d'ailleurs.

Niso znali delati s psi, pa tudi s seboj niso vedeli.

Le premier chien à mourir était Dub, le voleur malchanceux mais travailleur.

Prvi pes, ki je umrl, je bil Dub, nesrečni, a delav tat.

Bien que souvent puni, Dub avait fait sa part sans se plaindre.

Čeprav je bil Dub pogosto kaznovan, je brez pritožb opravljal svojo nalogo.

Son épaule blessée s'est aggravée sans qu'il soit nécessaire de prendre soin de lui et de se reposer.

Njegova poškodovana rama se je brez oskrbe ali potrebe po počitku poslabšala.

Finalement, Hal a utilisé le revolver pour mettre fin aux souffrances de Dub.

Končno je Hal z revolverjem končal Dubovo trpljenje.

Un dicton courant dit que les chiens normaux meurent à cause des rations de husky.

Pogost pregovor pravi, da normalni psi umrejo na obrokih haskijev.

Les six nouveaux compagnons de Buck n'avaient que la moitié de la part de nourriture du husky.

Buckovih šest novih spremljevalcev je imelo le polovico haskijevega deleža hrane.

Le Terre-Neuve est mort en premier, puis les trois braques à poil court.

Najprej je poginil novofundlandski pes, nato pa še trije kratkodlaki ptičarji.

Les deux bâtards résistèrent plus longtemps mais finirent par périr comme les autres.

Dva mešanca sta vztrajala dlje, a sta na koncu poginila tako kot ostali.

À cette époque, toutes les commodités et la douceur du Southland avaient disparu.

Do takrat so bile vse ugodnosti in nežnost Južne dežele izginile.

Les trois personnes avaient perdu les dernières traces de leur éducation civilisée.

Trije ljudje so opustili zadnje sledi svoje civilizirane vzgoje.

Dépouillé de glamour et de romantisme, le voyage dans l'Arctique est devenu brutalement réel.

Brez glamurja in romantike je potovanje po Arktiki postalo brutalno resnično.

C'était une réalité trop dure pour leur sens de la virilité et de la féminité.

To je bila resničnost prekruta za njihov občutek moškosti in ženskosti.

Mercedes ne pleurait plus pour les chiens, mais maintenant elle pleurait seulement pour elle-même.

Mercedes ni več jokala za pse, ampak je zdaj jokala samo še zase.

Elle passait son temps à pleurer et à se disputer avec Hal et Charles.

Svoj čas je preživljala v joku in prepirih s Halom in Charlesom.

Se disputer était la seule chose qu'ils n'étaient jamais trop fatigués de faire.

Prepir je bila edina stvar, za katero se niso nikoli preveč naveličali.

Leur irritabilité provenait de la misère, grandissait avec elle et la surpassait.

Njihova razdražljivost je izvirala iz bede, z njo rasla in jo presegla.

La patience du sentier, connue de ceux qui peinent et souffrent avec bienveillance, n'est jamais venue.

Potrpežljivost poti, znana tistim, ki se trudijo in trpijo prijazno, ni nikoli prišla.

Cette patience, qui garde la parole douce malgré la douleur, leur était inconnue.

Ta potrpežljivost, ki ohranja govor sladek kljub bolečini, jim je bila neznana.

Ils n'avaient aucune trace de patience, aucune force tirée de la souffrance avec grâce.

Niso imeli niti kančka potrpežljivosti, nobene moči, ki bi jo črpali iz trpljenja z milostjo.

Ils étaient raides de douleur : leurs muscles, leurs os et leur cœur étaient douloureux.

Bili so okoreli od bolečin – boleče so jih mišice, kosti in srce.

À cause de cela, ils devinrent acerbes et prompts à prononcer des paroles dures.

Zaradi tega so postali ostri na jeziku in hitri v ostrih besedah.

Chaque jour commençait et se terminait par des voix en colère et des plaintes amères.

Vsak dan se je začel in končal z jeznimi glasovi in grenkimi pritožbami.

Charles et Hal se disputaient chaque fois que Mercedes leur en donnait l'occasion.

Charles in Hal sta se prepirala vsakič, ko jima je Mercedes dala priložnost.

Chaque homme estimait avoir fait plus que sa juste part du travail.

Vsak moški je verjel, da je opravil več kot svoj delež dela.

Aucun des deux n'a jamais manqué une occasion de le dire, encore et encore.

Niti eden niti drugi nista zamudila priložnosti, da bi to povedala, znova in znova.

Parfois, Mercedes se rangeait du côté de Charles, parfois du côté de Hal.

Včasih je Mercedes stala na strani Charlesa, včasih na strani Hala.

Cela a conduit à une grande et interminable querelle entre les trois.

To je privedlo do velikega in neskončnega prepira med tremi.

Une dispute sur la question de savoir qui devait couper le bois de chauffage est devenue incontrôlable.

Spor o tem, kdo naj seka drva, je ušel izpod nadzora.

Bientôt, les pères, les mères, les cousins et les parents décédés ont été nommés.

Kmalu so bili imenovani očetje, matere, bratranci in sestrične ter umrli sorodniki.

Les opinions de Hal sur l'art ou les pièces de son oncle sont devenues partie intégrante du combat.

Halovi pogledi na umetnost ali stričeve igre so postali del boja.

Les convictions politiques de Charles sont également entrées dans le débat.

V razpravo so vstopila tudi Charlesova politična prepričanja.

Pour Mercedes, même les ragots de la sœur de son mari semblaient pertinents.

Mercedes so se celo trače njene moževe sestre zdele pomembne.

Elle a exprimé son opinion sur ce sujet et sur de nombreux défauts de la famille de Charles.

Izrazila je mnenja o tem in o številnih pomanjkljivostih Charlesove družine.

Pendant qu'ils se disputaient, le feu restait éteint et le camp à moitié monté.

Medtem ko sta se prepirala, je ogenj ostal ugasnjen in tabor napol požgan.

Pendant ce temps, les chiens restaient froids et sans nourriture.

Medtem so psi ostali premraženi in brez hrane.

Mercedes avait un grief qu'elle considérait comme profondément personnel.

Mercedes je imela zamero, ki jo je imela za globoko osebno.

Elle se sentait maltraitée en tant que femme, privée de ses doux privilèges.

Kot ženska se je počutila slabo obravnavano, odrekane so ji bile njene nežne privilegije.

Elle était jolie et douce, et habituée à la chevalerie toute sa vie.

Bila je lepa in nežna ter vse življenje vajena viteštva.

Mais son mari et son frère la traitaient désormais avec impatience.

Toda njen mož in brat sta jo zdaj obravnavala z nestrpnostjo.

Elle avait pour habitude d'agir comme si elle était impuissante, et ils commencèrent à se plaindre.

Njena navada je bila, da se dela nemočna, in začeli so se pritoževati.

Offensée par cela, elle leur rendit la vie encore plus difficile.

Zaradi tega je užaljena in jim je še bolj otežila življenje.

Elle a ignoré les chiens et a insisté pour conduire elle-même le traîneau.

Pse je ignorirala in vztrajala, da se bo sama peljala s sanmi.

Bien que légère en apparence, elle pesait cent vingt livres.

Čeprav je bila videti rahlo vitka, je tehtala sto dvajset funtov.

Ce fardeau supplémentaire était trop lourd pour les chiens affamés et faibles.

To dodatno breme je bilo preveč za stradajoče, šibke pse.

Elle a continué à monter pendant des jours, jusqu'à ce que les chiens s'effondrent sous les rênes.

Vseeno je jahala več dni, dokler se psi niso zgrudili pod vajeti.

Le traîneau s'arrêta et Charles et Hal la supplièrent de marcher.

Sani so stale, Charles in Hal pa sta jo prosila, naj gre peš.

Ils la supplièrent et la supplièrent, mais elle pleura et les traita de cruels.

Prosili so in rotili, ona pa je jokala in jih imenovala krute.

À une occasion, ils l'ont tirée du traîneau avec force et colère.

Nekoč so jo s silo in jezo potegnili s sani.

Ils n'ont plus jamais essayé après ce qui s'est passé cette fois-là.

Po tistem, kar se je zgodilo, niso nikoli več poskusili.

Elle devint molle comme un enfant gâté et s'assit dans la neige.

Omahnila je kot razvajen otrok in se usedla v sneg.

Ils continuèrent leur chemin, mais elle refusa de se lever ou de les suivre.

Šla sta naprej, a ona ni hotela vstati ali slediti za njima.

Après trois milles, ils s'arrêtèrent, revinrent et la ramenèrent.

Po petih kilometrih so se ustavili, vrnili in jo odnesli nazaj.

Ils l'ont rechargée sur le traîneau, en utilisant encore une fois la force brute.

Ponovno so jo naložili na sani, spet z vso močjo.

Dans leur profonde misère, ils étaient insensibles à la souffrance des chiens.

V svoji globoki bedi so bili brezbrižni do trpljenja psov.

Hal croyait qu'il fallait s'endurcir et il a imposé cette croyance aux autres.

Hal je verjel, da se je treba utrditi, in to prepričanje je vsiljeval drugim.

Il a d'abord essayé de prêcher sa philosophie à sa sœur

Najprej je poskušal svojo filozofijo pridigati sestri

et puis, sans succès, il prêcha à son beau-frère.

in nato je brez uspeha pridigal svojemu svaku.

Il a eu plus de succès avec les chiens, mais seulement parce qu'il leur a fait du mal.

Pri psih je imel več uspeha, vendar le zato, ker jih je poškodoval.

Chez Five Fingers, la nourriture pour chiens est complètement épuisée.

V Five Fingers je pasji hrani popolnoma zmanjkalo hrane.

Une vieille squaw édentée a vendu quelques kilos de peau de cheval congelée

Brezzoba stara ženska je prodala nekaj kilogramov zamrznjene konjske kože

Hal a échangé son revolver contre la peau de cheval séchée.

Hal je zamenjal svoj revolver za posušeno konjsko kožo.

La viande provenait de chevaux affamés d'éleveurs de bétail des mois auparavant.

Meso je prišlo od sestradanih konj živinorejcev več mesecev prej.

Gelée, la peau était comme du fer galvanisé ; dure et immangeable.

Zamrznjena koža je bila kot pocinkano železo; trda in neužitna.

Les chiens devaient mâcher la peau sans fin pour la manger.

Psi so morali neskončno žvečiti kožo, da so jo pojedli.

Mais les cordes en cuir et les cheveux courts n'étaient guère une nourriture.

Toda usnjate strune in kratki lasje niso bili ravno hrana.

La majeure partie de la peau était irritante et ne constituait pas véritablement de la nourriture.

Večina kože je bila dražeča in v pravem pomenu besede ni bila hrana.

Et pendant tout ce temps, Buck titubait en tête, comme dans un cauchemar.

In skoz vse to se je Buck opotekal spredaj, kot v nočni mori.

Il tirait quand il le pouvait ; quand il ne le pouvait pas, il restait allongé jusqu'à ce qu'un fouet ou un gourdin le relève.

Vlekel je, kadar je mogel; kadar ni mogel, je ležal, dokler ga ni dvignil bič ali palica.

Son pelage fin et brillant avait perdu toute sa rigidité et son éclat d'autrefois.

Njegova fina, sijoča dlaka je izgubila vso togost in sijaj, ki ga je nekoč imela.

Ses cheveux pendaient, mous, en bataille et coagulés par le sang séché des coups.

Lasje so mu viseli mlahavi, razmršeni in prepojeni s posušeno krvjo od udarcev.

Ses muscles se sont réduits à l'état de cordes et ses coussinets de chair étaient tous usés.

Njegove mišice so se skrčile v vrvice, vse kožne blazinice pa so bile obrabljene.

Chaque côte, chaque os apparaissait clairement à travers les plis de la peau ridée.

Vsako rebro, vsaka kost se je jasno videla skozi gube nagubane kože.

C'était déchirant, mais le cœur de Buck ne pouvait pas se briser.

Bilo je srce parajoče, a Buckovo srce se ni moglo zlomiti.

L'homme au pull rouge avait testé cela et l'avait prouvé il y a longtemps.

Moški v rdečem puloverju je to že zdavnaj preizkusil in dokazal.

Comme ce fut le cas pour Buck, ce fut le cas pour tous ses coéquipiers restants.

Tako kot je bilo z Buckom, je bilo tudi z vsemi njegovimi preostalimi soigralci.

Il y en avait sept au total, chacun étant un squelette ambulant de misère.

Skupaj jih je bilo sedem, vsak od njih pa je bil hodeče okostje bede.

Ils étaient devenus insensibles au fouet, ne ressentant qu'une douleur lointaine.

Otrpnili so do bičanja in čutili so le oddaljeno bolečino.

Même la vue et le son leur parvenaient faiblement, comme à travers un épais brouillard.

Celo vid in zvok sta do njih segala komaj, kot skozi gosto meglo.

Ils n'étaient pas à moitié vivants : c'étaient des os avec de faibles étincelles à l'intérieur.

Niso bili napol živi – bili so kosti z medlimi iskricami v notranjosti.

Lorsqu'ils s'arrêtèrent, ils s'effondrèrent comme des cadavres, leurs étincelles presque éteintes.

Ko so se ustavili, so se zgrudili kot trupla, njihove iskre so skoraj ugasnile.

Et lorsque le fouet ou le gourdin frappaient à nouveau, les étincelles voltigeaient faiblement.

In ko je bič ali palica znova udarila, so iskre šibko zaplapolale.

Puis ils se levèrent, titubèrent en avant et traînèrent leurs membres en avant.

Nato so vstali, se opotekajoče premaknili naprej in vlekli svoje ude naprej.

Un jour, le gentil Billee tomba et ne put plus se relever du tout.

Nekega dne je prijazni Billee padel in se sploh ni mogel več dvigniti.

Hal avait échangé son revolver, alors il a utilisé une hache pour tuer Billee à la place.

Hal je zamenjal svoj revolver, zato je namesto tega uporabil sekiro, da bi ubil Billeeja.

Il le frappa à la tête, puis lui coupa le corps et le traîna.

Udaril ga je po glavi, nato mu je odrezal telo in ga odvlekel stran.

Buck vit cela, et les autres aussi ; ils savaient que la mort était proche.

Buck je to videl, pa tudi drugi; vedeli so, da je smrt blizu.

Le lendemain, Koona partit, ne laissant que cinq chiens dans l'équipe affamée.

Naslednji dan je Koona odšla in v stradajoči vpregi je ostalo le pet psov.

Joe, qui n'était plus méchant, était trop loin pour se rendre compte de quoi que ce soit.

Joe, ki ni bil več zloben, je bil preveč zgrešen, da bi se sploh česa zavedal.

Pike, ne faisant plus semblant d'être blessé, était à peine conscient.

Pike, ki se ni več pretvarjal, da je poškodovan, je bil komaj pri zavesti.

Solleks, toujours fidèle, se lamentait de ne plus avoir de force à donner.

Solleks, še vedno zvest, je žaloval, da nima moči, ki bi jo lahko dal.

Teek a été le plus battu parce qu'il était plus frais, mais qu'il s'estompait rapidement.

Teeka so najbolj premagali, ker je bil bolj svež, a je hitro izgubljal na moči.

Et Buck, toujours en tête, ne maintenait plus l'ordre ni ne le faisait respecter.

In Buck, ki je bil še vedno v vodstvu, ni več vzdrževal reda ali ga uveljavljal.

À moitié aveugle à cause de sa faiblesse, Buck suivit la piste au toucher seul.

Napol slep od šibkosti je Buck sledil samo po občutku.

C'était un beau temps printanier, mais aucun d'entre eux ne l'a remarqué.

Bilo je čudovito pomladno vreme, a nihče od njih tega ni opazil.

Chaque jour, le soleil se levait plus tôt et se couchait plus tard qu'avant.

Vsak dan je sonce vzšlo prej in zašlo kasneje kot prej.

À trois heures du matin, l'aube était arrivée ; le crépuscule durait jusqu'à neuf heures.

Ob treh zjutraj se je zdanilo; mrak je trajal do devetih.

Les longues journées étaient remplies du plein soleil printanier.

Dolgi dnevi so bili polni žara spomladanskega sonca.

Le silence fantomatique de l'hiver s'était transformé en un murmure chaleureux.

Zimska tišina se je spremenila v toplo šumenje.

Toute la terre s'éveillait, animée par la joie des êtres vivants.

Vsa dežela se je prebujala, živa od veselja živih bitij.

Le bruit provenait de ce qui était resté mort et immobile pendant l'hiver.

Zvok je prihajal iz tistega, kar je pozimi ležalo mrtvo in negibno.

Maintenant, ces choses bougeaient à nouveau, secouant le long sommeil de gel.

Zdaj so se te stvari spet premaknile in se otresle dolgega zmrzalnega spanca.

La sève montait à travers les troncs sombres des pins en attente.

Sok se je dvigal skozi temna debla čakajočih borovcev.

Les saules et les trembles font apparaître de jeunes bourgeons brillants sur chaque brindille.

Vrbe in trepetlike na vsaki vejici poženejo svetle mlade popke.

Les arbustes et les vignes se parent d'un vert frais tandis que les bois prennent vie.

Grmičevje in trta so se sveže ozelenili, ko so gozdovi oživeli.

Les grillons chantaient la nuit et les insectes rampaient au soleil.

Ponoči so čivkali črički, na dnevnem soncu pa so se plazile žuželke.

Les perdrix résonnaient et les pics frappaient profondément dans les arbres.

Jerebice so bučale, žolne pa so trkale globoko v drevesih.

Les écureuils bavardaient, les oiseaux chantaient et les oies klaxonnaient au-dessus des chiens.

Veverice so čebljale, ptice so pele, gosi pa so trobile nad psi.

Les oiseaux sauvages arrivaient en groupes serrés, volant vers le haut depuis le sud.

Divje kokoši so prihajale v ostrih klinih, letale so z juga.

De chaque colline venait la musique des ruisseaux cachés et impétueux.

Z vsakega pobočja je prihajala glasba skritih, deročih potokov.

Toutes choses ont dégelé et se sont brisées, se sont pliées et ont repris leur mouvement.

Vse se je odtalilo, počilo, upognilo in spet začelo gibati.

Le Yukon s'efforçait de briser les chaînes de froid de la glace gelée.

Yukon se je naprezal, da bi pretrgal hladne verige zmrznjenega ledu.

La glace fondait en dessous, tandis que le soleil la faisait fondre par le dessus.

Led se je topil spodaj, sonce pa ga je topilo od zgoraj.

Des trous d'aération se sont ouverts, des fissures se sont propagées et des morceaux sont tombés dans la rivière.

Odprle so se zračne luknje, razširile so se razpoke in kosi so padali v reko.

Au milieu de toute cette vie débordante et flamboyante, les voyageurs titubaient.

Sredi vsega tega vrveža in žarečega življenja so se popotniki opotekali.

Deux hommes, une femme et une meute de huskies marchaient comme des morts.

Dva moška, ženska in krdelo haskijev so hodili kot mrtvi.

Les chiens tombaient, Mercedes pleurait, mais continuait à conduire le traîneau.

Psi so padali, Mercedes je jokala, a je še vedno jahala sani.

Hal jura faiblement et Charles cligna des yeux à travers ses yeux larmoyants.

Hal je slabotno preklinjal, Charles pa je pomežiknil skozi solzne oči.

Ils tombèrent sur le camp de John Thornton à l'embouchure de la rivière White.

Naleteli so na Thorntonov tabor ob ustju Bele reke.

Lorsqu'ils s'arrêtèrent, les chiens s'effondrèrent, comme s'ils étaient tous morts.

Ko so se ustavili, so se psi zgrudili na tla, kot da bi bili vsi mrtvi.

Mercedes essuya ses larmes et regarda John Thornton.

Mercedes si je obrisala solze in pogledala Johna Thorntona.

Charles s'assit sur une bûche, lentement et raidement, souffrant du sentier.

Charles je sedel na hlod, počasi in togo, boleč od poti.

Hal parlait pendant que Thornton sculptait l'extrémité d'un manche de hache.

Hal je govoril, medtem ko je Thornton rezljal konec ročaja sekire.

Il taillait du bois de bouleau et répondait par des réponses brèves et fermes.

Rezal je brezov les in odgovarjal s kratkimi, a odločnimi odgovori.

Lorsqu'on lui a demandé son avis, il a donné des conseils, certain qu'ils ne seraient pas suivis.

Ko so ga vprašali, je dal nasvet, prepričan, da ga ne bodo upoštevali.

Hal a expliqué : « Ils nous ont dit que la glace du sentier disparaissait. »

Hal je pojasnil:»Rekli so nam, da se led na poti topi.«

« Ils ont dit que nous devions rester sur place, mais nous sommes arrivés à White River. »

„Rekli so, naj ostanemo pri miru – ampak prišli smo do Bele reke."

Il a terminé sur un ton moqueur, comme pour crier victoire dans les difficultés.

Končal je s posmehljivim tonom, kot da bi želel razglasiti zmago v stiski.

« Et ils t'ont dit la vérité », répondit doucement John Thornton à Hal.

„In povedali so ti resnico," je John Thornton tiho odgovoril Halu.

« La glace peut céder à tout moment, elle est prête à tomber. »

"Led lahko popusti vsak hip – pripravljen je odpadi."

« Seuls un peu de chance et des imbéciles ont pu arriver jusqu'ici en vie. »

"Samo slepa sreča in bedaki so lahko prišli tako daleč živi."

« Je vous le dis franchement, je ne risquerais pas ma vie pour tout l'or de l'Alaska. »

"Povem ti naravnost, ne bi tvegal svojega življenja za vse aljaško zlato."

« C'est parce que tu n'es pas un imbécile, je suppose », répondit Hal.

„To je verjetno zato, ker nisi bedak," je odgovoril Hal.

« Tout de même, nous irons à Dawson. » Il déroula son fouet.

„Vseeno bomo šli naprej do Dawsona." Odvil je bič.

« Monte là-haut, Buck ! Salut ! Debout ! Vas-y ! » cria-t-il durement.

„Pojdi gor, Buck! Živjo! Vstani! Kar daj!" je ostro zavpil.

Thornton continuait à tailler, sachant que les imbéciles n'entendraient pas la raison.

Thornton je kar naprej rezbaril, saj je vedel, da bedaki ne bodo poslušali razuma.

Arrêter un imbécile était futile, et deux ou trois imbéciles ne changeaient rien.

Ustaviti bedaka je bilo zaman – in dva ali trije bedaci niso ničesar spremenili.

Mais l'équipe n'a pas bougé au son de l'ordre de Hal.

Toda ekipa se ob zvoku Halovega ukaza ni premaknila.

Désormais, seuls les coups pouvaient les faire se relever et avancer.

Do zdaj so jih lahko le udarci dvignili in potegnili naprej.

Le fouet claquait encore et encore sur les chiens affaiblis.

Bič je znova in znova udarjal po oslabelih psih.

John Thornton serra fermement ses lèvres et regarda en silence.

John Thornton je tesno stisnil ustnice in molče opazoval.

Solleks fut le premier à se relever sous le fouet.

Solleks se je prvi pod bičem splazil na noge.

Puis Teek le suivit, tremblant. Joe poussa un cri en se relevant.

Nato je Teek trepetajoč sledil. Joe je kriknil, ko se je spotaknil.

Pike a essayé de se relever, a échoué deux fois, puis est finalement resté debout, chancelant.

Pike je poskušal vstati, dvakrat mu ni uspelo, nato pa je končno ostal negotov.

Mais Buck resta là où il était tombé, sans bouger du tout cette fois.

Toda Buck je ležal tam, kjer je padel, tokrat se sploh ni premaknil.

Le fouet le frappait à plusieurs reprises, mais il ne faisait aucun bruit.

Bič ga je znova in znova bičal, a ni izdal niti glasu.

Il n'a pas bronché ni résisté, il est simplement resté immobile et silencieux.

Ni se zdrznil ali upiral, preprosto je ostal pri miru in tiho.

Thornton remua plus d'une fois, comme pour parler, mais ne le fit pas.

Thornton se je večkrat premaknil, kot da bi hotel spregovoriti, a ni.

Ses yeux s'humidifièrent, et le fouet continuait à claquer contre Buck.

Oči so se mu orosile, bič pa je še vedno prasketal po Bucku.

Finalement, Thornton commença à marcher lentement, ne sachant pas quoi faire.

Končno je Thornton začel počasi hoditi sem ter tja, negotov, kaj naj stori.

C'était la première fois que Buck échouait, et Hal devint furieux.

Bucku je prvič spodletelo, Hal pa je postal besen.

Il a jeté le fouet et a pris la lourde massue à la place.

Vrgel je bič in namesto tega pograbil težko palico.

Le gourdin en bois s'abattit violemment, mais Buck ne se releva toujours pas pour bouger.

Lesena palica je močno udarila, a Buck se še vedno ni dvignil, da bi se premaknil.

Comme ses coéquipiers, il était trop faible, mais plus que cela.

Tako kot njegovi soigralci je bil prešibak – ampak še več kot to.

Buck avait décidé de ne pas bouger, quoi qu'il arrive.

Buck se je odločil, da se ne bo premaknil, ne glede na to, kaj se bo zgodilo potem.

Il sentait quelque chose de sombre et de certain planer juste devant lui.

Čutil je nekaj temnega in nedvomnega, ki je lebdel tik pred njim.

Cette peur l'avait saisi dès qu'il avait atteint la rive du fleuve.

Ta strah ga je obšel takoj, ko je prišel do rečnega brega.

Cette sensation ne l'avait pas quitté depuis qu'il sentait la glace s'amincir sous ses pattes.

Občutek ga ni zapustil, odkar je pod šapami začutil tanek led.

Quelque chose de terrible l'attendait – il le sentait juste au bout du sentier.

Nekaj groznega ga je čakalo – čutil je to tik ob poti.

Il n'allait pas marcher vers cette terrible chose devant lui.

Ni nameraval hoditi proti tisti grozni stvari pred seboj.

Il n'allait pas obéir à un quelconque ordre qui le conduirait à cette chose.

Ni nameraval ubogati nobenega ukaza, ki bi ga pripeljal do tiste stvari.

La douleur des coups ne l'atteignait plus guère, il était trop loin.

Bolečina udarcev ga zdaj komajda ni dotaknila – bil je predaleč.

L'étincelle de vie vacillait faiblement, s'affaiblissant sous chaque coup cruel.

Iskra življenja je utripala nizko, zatemnjena pod vsakim krutim udarcem.

Ses membres semblaient lointains ; tout son corps semblait appartenir à un autre.

Njegovi udi so se zdeli oddaljeni; zdelo se je, kot da celo telo pripada nekomu drugemu.

Il ressentit un étrange engourdissement alors que la douleur disparaissait complètement.

Občutil je nenavadno otrplost, ko je bolečina popolnoma izginila.

De loin, il sentait qu'il était battu, mais il le savait à peine.

Od daleč je čutil, da ga pretepajo, a se tega komaj zavedal.

Il pouvait entendre les coups sourds faiblement, mais ils ne faisaient plus vraiment mal.

Rahlo je slišal udarce, vendar ga niso več zares boleli.

Les coups ont porté, mais son corps ne semblait plus être le sien.

Udarci so sicer priletavali, a njegovo telo se ni več zdelo njegovo.

Puis, soudain, sans prévenir, John Thornton poussa un cri sauvage.

Nato je nenadoma, brez opozorila, John Thornton divje zavpil.

C'était inarticulé, plus le cri d'une bête que celui d'un homme.

Bil je neartikuliran, bolj krik zveri kot človeka.

Il sauta sur l'homme avec la massue et renversa Hal en arrière.

Skočil je na moškega s palico in Hala podrl nazaj.

Hal vola comme s'il avait été frappé par un arbre, atterrissant durement sur le sol.

Hal je poletel, kot bi ga zadelo drevo, in trdo pristal na tleh.

Mercedes a crié de panique et s'est agrippée au visage.

Mercedes je panično zakričala in se prijela za obraz.

Charles se contenta de regarder, s'essuya les yeux et resta assis.

Karel je samo opazoval, si obrisal oči in ostal sedeti.

Son corps était trop raide à cause de la douleur pour se lever ou aider au combat.

Njegovo telo je bilo preveč otrdelo od bolečine, da bi vstal ali pomagal v boju.

Thornton se tenait au-dessus de Buck, tremblant de fureur, incapable de parler.

Thornton je stal nad Buckom, trepetal od besa in ni mogel govoriti.

Il tremblait de rage et luttait pour trouver sa voix à travers elle.

Tresel se je od besa in se trudil najti svoj glas.

« Si tu frappes encore ce chien, je te tue », dit-il finalement.

„Če še enkrat udariš tega psa, te bom ubil," je končno rekel.

Hal essuya le sang de sa bouche et s'avança à nouveau.

Hal si je obrisal kri z ust in spet stopil naprej.

« C'est mon chien », murmura-t-il. « Dégage, ou je te répare. »

„To je moj pes," je zamrmral. „Umakni se, sicer te bom popravil."

« Je vais à Dawson, et vous ne m'en empêcherez pas », a-t-il ajouté.

„Grem v Dawson in ti me ne boš ustavil," je dodal.

Thornton se tenait fermement entre Buck et le jeune homme en colère.

Thornton je trdno stal med Buckom in jeznim mladeničem.

Il n'avait aucune intention de s'écarter ou de laisser passer Hal.

Ni imel namena stopiti na stran ali pustiti Hala mimo.

Hal sortit son couteau de chasse, long et dangereux à la main.

Hal je izvlekel svoj lovski nož, dolg in nevaren v roki.

Mercedes a crié, puis pleuré, puis ri dans une hystérie sauvage.

Mercedes je kričala, nato jokala, nato pa se je divje histerično smejala.

Thornton frappa la main de Hal avec le manche de sa hache, fort et vite.

Thornton je močno in hitro udaril Hala po roki z ročajem sekire.

Le couteau s'est détaché de la main de Hal et a volé au sol.

Nož je Halu izpadel iz rok in poletel na tla.

Hal essaya de ramasser le couteau, et Thornton frappa à nouveau ses jointures.

Hal je poskušal dvigniti nož, Thornton pa je spet potrkal s členki.

Thornton se baissa alors, attrapa le couteau et le tint.

Nato se je Thornton sklonil, zgrabil nož in ga držal.

D'un coup rapide de manche de hache, il coupa les rênes de Buck.

Z dvema hitrima zamahoma ročaja sekire je prerezal Buckove vajeti.

Hal n'avait plus aucune résistance et s'éloigna du chien.

Hal se ni več mogel boriti in se je umaknil od psa.

De plus, Mercedes avait désormais besoin de ses deux bras pour se maintenir debout.

Poleg tega je Mercedes zdaj potrebovala obe roki, da je ostala pokonci.

Buck était trop proche de la mort pour pouvoir à nouveau tirer un traîneau.

Buck je bil preblizu smrti, da bi lahko spet vlekel sani.

Quelques minutes plus tard, ils se sont retirés et ont descendu la rivière.

Nekaj minut kasneje so se odpeljali in se odpravili po reki navzdol.

Buck leva faiblement la tête et les regarda quitter la banque.

Buck je šibko dvignil glavo in jih opazoval, kako odhajajo iz banke.

Pike a mené l'équipe, avec Solleks à l'arrière dans la roue.

Pike je vodil ekipo, Solleks pa je bil zadaj na mestu zadnjega kolesarja.

Joe et Teek marchaient entre eux, tous deux boitant d'épuisement.

Joe in Teek sta hodila med njimi, oba šepajoča od izčrpanosti.

Mercedes s'assit sur le traîneau et Hal saisit le long mât.

Mercedes je sedela na saneh, Hal pa se je oklepal dolge palice.

Charles trébuchait derrière, ses pas maladroits et incertains.

Karel se je opotekal zadaj, njegovi koraki so bili nerodni in negotovi.

Thornton s'agenouilla près de Buck et chercha doucement des os cassés.

Thornton je pokleknil poleg Bucka in nežno pretipal zlomljene kosti.

Ses mains étaient rudes mais bougeaient avec gentillesse et attention.

Njegove roke so bile hrapave, a gibane s prijaznostjo in skrbnostjo.

Le corps de Buck était meurtri mais ne présentait aucune blessure durable.

Buckovo telo je bilo polno modric, vendar ni kazalo trajnih poškodb.

Ce qui restait, c'était une faim terrible et une faiblesse quasi totale.

Ostala je bila strašna lakota in skoraj popolna šibkost.

Au moment où cela fut clair, le traîneau était déjà loin en aval.

Ko se je to razjasnilo, so sani že daleč odplule po reki.

L'homme et le chien regardaient le traîneau ramper lentement sur la glace fissurée.

Mož in pes sta opazovala, kako se sani počasi plazijo po razpokanem ledu.

Puis, ils virent le traîneau s'enfoncer dans un creux.

Nato so videli, kako se sani pogrezajo v votlino.

Le mât s'est envolé, Hal s'y accrochant toujours en vain.

Palica je poletela navzgor, Hal pa se je še vedno zaman oklepal.

Le cri de Mercedes les atteignit à travers la distance froide.

Mercedesin krik jih je dosegel čez hladno razdaljo.

Charles se retourna et recula, mais il était trop tard.

Charles se je obrnil in stopil korak nazaj – a je bilo prepozno.

Une calotte glaciaire entière a cédé et ils sont tous tombés à travers.

Cela ledena plošča se je umaknila in vsi so padli skozenj.

Les chiens, le traîneau et les gens ont disparu dans l'eau noire en contrebas.

Psi, sani in ljudje so izginili v črni vodi spodaj.

Il ne restait qu'un large trou dans la glace là où ils étaient passés.

Kjer so šli mimo, je ostala le široka luknja v ledu.

Le fond du sentier s'était affaissé, comme Thornton l'avait prévenu.

Dno poti se je udrlo – tako kot je opozoril Thornton.

Thornton et Buck se regardèrent, silencieux pendant un moment.

Thornton in Buck sta se spogledala in za trenutek molčala.

« Pauvre diable », dit doucement Thornton, et Buck lui lécha la main.

„Ubogi hudič," je tiho rekel Thornton in Buck mu je oblizal roko.

Pour l'amour d'un homme
Za ljubezen do moškega

John Thornton s'est gelé les pieds dans le froid du mois de décembre précédent.
Johnu Thorntonu so v mrazu prejšnjega decembra zmrznile noge.

Ses partenaires l'ont mis à l'aise et l'ont laissé se rétablir seul.
Njegovi partnerji so mu poskrbeli za udobje in ga pustili, da si sam opomore.

Ils remontèrent la rivière pour rassembler un radeau de billes de bois pour Dawson.
Šli so po reki navzgor, da bi nabrali splav žagarskih hlodov za Dawsona.

Il boitait encore légèrement lorsqu'il a sauvé Buck de la mort.
Ko je rešil Bucka pred smrtjo, je še vedno rahlo šepal.

Mais avec le temps chaud qui continue, même cette boiterie a disparu.
Toda s toplim vremenom, ki se je nadaljevalo, je celo to šepanje izginilo.

Allongé au bord de la rivière pendant les longues journées de printemps, Buck se reposait.
Buck je v dolgih pomladnih dneh ležal ob rečnem bregu in počival.

Il regardait l'eau couler et écoutait les oiseaux et les insectes.
Opazoval je tekočo vodo in poslušal ptice in žuželke.

Lentement, Buck reprit ses forces sous le soleil et le ciel.
Buck si je pod soncem in nebom počasi povrnil moč.

Un repos merveilleux après avoir parcouru trois mille kilomètres.
Počitek se je po prepotovanih petih tisoč kilometrih zdel čudovit.

Buck est devenu paresseux à mesure que ses blessures guérissaient et que son corps se remplissait.

Buck je postal len, ko so se mu rane zacelile in se mu je telo napolnilo.

Ses muscles se raffermirent et la chair revint recouvrir ses os.

Njegove mišice so se utrdile in meso je spet prekrilo njegove kosti.

Ils se reposaient tous : Buck, Thornton, Skeet et Nig.

Vsi so počivali – Buck, Thornton, Skeet in Nig.

Ils attendaient le radeau qui allait les transporter jusqu'à Dawson.

Čakali so na splav, ki jih bo odpeljal v Dawson.

Skeet était un petit setter irlandais qui s'est lié d'amitié avec Buck.

Skeet je bil majhen irski seter, ki se je spoprijateljil z Buckom.

Buck était trop faible et malade pour lui résister lors de leur première rencontre.

Buck je bil prešibak in bolan, da bi se ji na prvem srečanju uprl.

Skeet avait le trait de guérisseur que certains chiens possèdent naturellement.

Skeet je imel zdravilno lastnost, ki jo imajo nekateri psi naravno.

Comme une mère chatte, elle lécha et nettoya les blessures à vif de Buck.

Kot mama mačka je lizala in čistila Buckove surove rane.

Chaque matin, après le petit-déjeuner, elle répétait son travail minutieux.

Vsako jutro po zajtrku je ponovila svoje skrbno delo.

Buck s'attendait à son aide autant qu'à celle de Thornton.

Buck je pričakoval njeno pomoč prav toliko kot Thorntonovo.

Nig était également amical, mais moins ouvert et moins affectueux.

Tudi Nig je bil prijazen, vendar manj odprt in manj ljubeč.

Nig était un gros chien noir, à la fois chien de Saint-Hubert et chien de chasse.

Nig je bil velik črn pes, delno krvoslednik in delno jelenji hrt.

Il avait des yeux rieurs et une infinie bonne nature dans son esprit.

Imel je smejoče se oči in neskončno dobro voljo v duši.

À la surprise de Buck, aucun des deux chiens n'a montré de jalousie envers lui.

Na Buckovo presenečenje nobeden od psov ni pokazal ljubosumja do njega.

Skeet et Nig ont tous deux partagé la gentillesse de John Thornton.

Tako Skeet kot Nig sta bila prijazna kot John Thornton.

À mesure que Buck devenait plus fort, ils l'ont attiré dans des jeux de chiens stupides.

Ko je Buck postajal močnejši, so ga zvabili v neumne pasje igre.

Thornton jouait souvent avec eux aussi, incapable de résister à leur joie.

Tudi Thornton se je pogosto igral z njimi, saj se ni mogel upreti njihovemu veselju.

De cette manière ludique, Buck est passé de la maladie à une nouvelle vie.

Na ta igriv način se je Buck iz bolezni premaknil v novo življenje.

L'amour – un amour véritable, brûlant et passionné – était enfin à lui.

Ljubezen – resnična, goreča in strastna ljubezen – je bila končno njegova.

Il n'avait jamais connu ce genre d'amour dans le domaine de Miller.

Takšne ljubezni na Millerjevem posestvu še ni poznal.

Avec les fils du juge, il avait partagé le travail et l'aventure.

S sodnikovimi sinovi si je delil delo in pustolovščine.

Chez les petits-fils, il vit une fierté raide et vantarde.

Pri vnukih je videl tog in bahav ponos.

Il entretenait avec le juge Miller lui-même une amitié respectueuse.

S sodnikom Millerjem je imel spoštljivo prijateljstvo.

Mais l'amour qui était feu, folie et adoration est venu avec Thornton.

Toda ljubezen, ki je bila ogenj, norost in čaščenje, je prišla s Thorntonom.

Cet homme avait sauvé la vie de Buck, et cela seul signifiait beaucoup.

Ta mož je rešil Bucku življenje in že samo to je veliko pomenilo.

Mais plus que cela, John Thornton était le type de maître idéal.

A še več kot to, John Thornton je bil idealen mojster.

D'autres hommes s'occupaient de chiens par devoir ou par nécessité professionnelle.

Drugi moški so skrbeli za pse iz dolžnosti ali poslovne nujnosti.

John Thornton prenait soin de ses chiens comme s'ils étaient ses enfants.

John Thornton je skrbel za svoje pse, kot da bi bili njegovi otroci.

Il prenait soin d'eux parce qu'il les aimait et qu'il ne pouvait tout simplement pas s'en empêcher.

Skrbelo ga je zanje, ker jih je imel rad in si preprosto ni mogel pomagati.

John Thornton a vu encore plus loin que la plupart des hommes n'ont jamais réussi à voir.

John Thornton je videl še dlje, kot je večina moških kdajkoli uspela videti.

Il n'oubliait jamais de les saluer gentiment ou de leur adresser un mot d'encouragement.

Nikoli ni pozabil, da jih prijazno pozdravi ali jim spregovori kakšno spodbudno besedo.

Il adorait s'asseoir avec les chiens pour de longues conversations, ou « gazeuses », comme il disait.

Rad je sedel s psi na dolge pogovore ali, kot je rekel, "napihnjen".

Il aimait saisir brutalement la tête de Buck entre ses mains fortes.

Rad je grobo zgrabil Buckovo glavo med svojimi močnimi rokami.

Puis il posa sa tête contre celle de Buck et le secoua doucement.

Nato je naslonil glavo na Buckovo in ga nežno stresel.

Pendant tout ce temps, il traitait Buck de noms grossiers qui signifiaient de l'amour pour Buck.

Ves čas je Bucka klical nesramne vzdevke, ki so Bucku pomenile ljubezen.

Pour Buck, cette étreinte brutale et ces mots ont apporté une joie profonde.

Bucku sta ta grob objem in te besede prinesla globoko veselje.

Son cœur semblait se déchaîner de bonheur à chaque mouvement.

Zdelo se je, kot da mu srce ob vsakem gibu zaigra od sreče.

Lorsqu'il se releva ensuite, sa bouche semblait rire.

Ko je zatem skočil pokonci, so se mu usta zdela, kot da se smejijo.

Ses yeux brillaient et sa gorge tremblait d'une joie inexprimée.

Oči so mu žarele in grlo se mu je treslo od neizrečenega veselja.

Son sourire resta figé dans cet état d'émotion et d'affection rayonnante.

Njegov nasmeh je obstal v tistem stanju čustev in žareče naklonjenosti.

Thornton s'exclama alors pensivement : « Mon Dieu ! Il peut presque parler ! »

Tedaj je Thornton zamišljeno vzkliknil: »Bog! Skoraj lahko govori!«

Buck avait une étrange façon d'exprimer son amour qui causait presque de la douleur.

Buck je imel čuden način izražanja ljubezni, ki ga je skoraj bolel.

Il serrait souvent très fort la main de Thornton entre ses dents.

Pogosto je Thorntonovo roko zelo močno stisnil z zobmi.

La morsure allait laisser des marques profondes qui resteraient un certain temps après.

Ugriz naj bi pustil globoke sledi, ki so ostale še nekaj časa zatem.

Buck croyait que ces serments étaient de l'amour, et Thornton savait la même chose.

Buck je verjel, da so te prisege ljubezen, in Thornton je vedel enako.

Le plus souvent, l'amour de Buck se manifestait par une adoration silencieuse, presque silencieuse.

Najpogosteje se je Buckova ljubezen kazala v tihem, skoraj neslišnem oboževanju.

Bien qu'il soit ravi lorsqu'on le touche ou qu'on lui parle, il ne cherche pas à attirer l'attention.

Čeprav je bil navdušen, ko so se ga dotaknili ali se z njim pogovarjali, ni iskal pozornosti.

Skeet a poussé son nez sous la main de Thornton jusqu'à ce qu'il la caresse.

Skeet je dregnila smrček pod Thorntonovo roko, dokler je ni pobožal.

Nig s'approcha tranquillement et posa sa grosse tête sur le genou de Thornton.

Nig je tiho stopil bližje in naslonil svojo veliko glavo na Thorntonovo koleno.

Buck, au contraire, se contentait d'aimer à distance respectueuse.

Buck pa je bil zadovoljen, da je ljubil s spoštljive razdalje.

Il resta allongé pendant des heures aux pieds de Thornton, alerte et observant attentivement.

Ure in ure je ležal ob Thorntonovih nogah, pozoren in pozorno opazoval.

Buck étudiait chaque détail du visage de son maître et le moindre mouvement.

Buck je preučeval vsako podrobnost obraza svojega gospodarja in najmanjši gib.

Ou bien il était allongé plus loin, étudiant la silhouette de l'homme en silence.

Ali pa je ležal dlje stran in v tišini preučeval moško postavo.

Buck observait chaque petit mouvement, chaque changement de posture ou de geste.

Buck je opazoval vsako majhno gibanje, vsako spremembo drže ali geste.

Ce lien était si puissant qu'il attirait souvent le regard de Thornton.

Ta povezava je bila tako močna, da je pogosto pritegnila Thorntonov pogled.

Il rencontra les yeux de Buck sans un mot, l'amour brillant clairement à travers.

Brez besed je srečal Buckov pogled, skozi katerega je jasno sijala ljubezen.

Pendant longtemps après avoir été sauvé, Buck n'a jamais laissé Thornton hors de vue.

Dolgo časa po tem, ko so ga rešili, Buck ni izpustil Thorntona izpred oči.

Chaque fois que Thornton quittait la tente, Buck le suivait de près à l'extérieur.

Kadar koli je Thornton zapustil šotor, mu je Buck tesno sledil ven.

Tous les maîtres sévères du Northland avaient fait que Buck avait peur de faire confiance.

Vsi strogi gospodarji na Severu so Bucka prestrašili, da ne bi zaupal.

Il craignait qu'aucun homme ne puisse rester son maître plus d'un court instant.

Bal se je, da nihče ne more ostati njegov gospodar dlje kot kratek čas.

Il craignait que John Thornton ne disparaisse comme Perrault et François.

Bal se je, da bo John Thornton izginil kot Perrault in François.

Même la nuit, la peur de le perdre hantait le sommeil agité de Buck.

Celo ponoči je strah pred izgubo njega preganjal Bucka v nemirnem spanju.

Quand Buck se réveilla, il se glissa dehors dans le froid et se dirigea vers la tente.

Ko se je Buck zbudil, se je priplazil ven v mraz in odšel do šotora.

Il écoutait attentivement le doux bruit de la respiration à l'intérieur.

Pozorno je prisluhnil, če bo zaslišal tiho dihanje v sebi.

Malgré l'amour profond de Buck pour John Thornton, la nature sauvage est restée vivante.

Kljub Buckovi globoki ljubezni do Johna Thorntona je divjina ostala živa.

Cet instinct primitif, éveillé dans le Nord, n'a pas disparu.

Ta primitivni nagon, prebujen na severu, ni izginil.

L'amour a apporté la dévotion, la loyauté et le lien chaleureux du coin du feu.

Ljubezen je prinesla predanost, zvestobo in toplo vez ob ognju.

Mais Buck a également conservé son instinct sauvage, vif et toujours en alerte.

Toda Buck je ohranil tudi svoje divje nagone, ostre in vedno pozorne.

Il n'était pas seulement un animal de compagnie apprivoisé venu des terres douces de la civilisation.

Ni bil le udomačen hišni ljubljenček iz mehkih dežel civilizacije.

Buck était un être sauvage qui était venu s'asseoir près du feu de Thornton.

Buck je bil divje bitje, ki je prišlo sedet k Thorntonovemu ognju.

Il ressemblait à un chien du Southland, mais la sauvagerie vivait en lui.

Izgledal je kot pes iz južne dežele, a v njem je živela divjost.

Son amour pour Thornton était trop grand pour permettre de voler cet homme.

Njegova ljubezen do Thorntona je bila prevelika, da bi mu dovolil krajo.

Mais dans n'importe quel autre camp, il volerait avec audace et sans relâche.

Toda v kateri koli drugem taboru bi kradel pogumno in brez prestanka.

Il était si habile à voler que personne ne pouvait l'attraper ou l'accuser.

Bil je tako spreten pri kraji, da ga nihče ni mogel ujeti ali obtožiti.

Son visage et son corps étaient couverts de cicatrices dues à de nombreux combats passés.

Njegov obraz in telo sta bila prekrita z brazgotinami zaradi številnih preteklih bojev.

Buck se battait toujours avec acharnement, mais maintenant il se battait avec plus de ruse.

Buck se je še vedno srdito boril, a zdaj se je boril z večjo prebrisanostjo.

Skeet et Nig étaient trop doux pour se battre, et ils appartenaient à Thornton.

Skeet in Nig sta bila preveč nežna za boj, pa še Thorntonova sta bila.

Mais tout chien étranger, aussi fort ou courageux soit-il, cédait.

Toda vsak čuden pes, ne glede na to, kako močan ali pogumen je popustil.

Sinon, le chien se retrouvait à lutter contre Buck, à se battre pour sa vie.

Sicer se je pes znašel v boju z Buckom; boril se je za svoje življenje.

Buck n'a eu aucune pitié une fois qu'il a choisi de se battre contre un autre chien.

Buck ni imel usmiljenja, ko se je odločil za boj proti drugemu psu.

Il avait bien appris la loi du gourdin et des crocs dans le Nord.

Dobro se je naučil zakona kija in zoba na Severu.

Il n'a jamais abandonné un avantage et n'a jamais reculé devant la bataille.

Nikoli se ni odpovedal prednosti in se nikoli ni umaknil iz boja.

Il avait étudié les Spitz et les chiens les plus féroces de la poste et de la police.

Preučeval je Špice in najhujše poštne in policijske pse.

Il savait clairement qu'il n'y avait pas de juste milieu dans un combat sauvage.

Jasno je vedel, da v divjem boju ni srednje poti.

Il doit gouverner ou être gouverné ; faire preuve de miséricorde signifie faire preuve de faiblesse.

Moral je vladati ali pa biti podrejen; izkazovanje usmiljenja je pomenilo izkazovanje šibkosti.

La miséricorde était inconnue dans le monde brut et brutal de la survie.

Usmiljenje je bilo v surovem in brutalnem svetu preživetja neznano.

Faire preuve de miséricorde était perçu comme de la peur, et la peur menait rapidement à la mort.

Izkazovanje usmiljenja je bilo razumljeno kot strah, strah pa je hitro vodil v smrt.

L'ancienne loi était simple : tuer ou être tué, manger ou être mangé.

Stari zakon je bil preprost: ubij ali bodi ubit, jej ali bodi pojeden.

Cette loi venait des profondeurs du temps, et Buck la suivait pleinement.

Ta zakon je prišel iz globin časa in Buck ga je dosledno upošteval.

Buck était plus vieux que son âge et que le nombre de respirations qu'il prenait.

Buck je bil starejši od svojih let in števila vdihov, ki jih je vdihnil.

Il a clairement relié le passé ancien au moment présent.

Jasno je povezal davno preteklost s sedanjim trenutkom.

Les rythmes profonds des âges le traversaient comme les marées.

Globoki ritmi dob so se gibali skozenj kot plimovanje.

Le temps pulsait dans son sang aussi sûrement que les saisons faisaient bouger la terre.

Čas mu je v krvi utripoval tako zanesljivo, kot so letni časi premikali zemljo.

Il était assis près du feu de Thornton, la poitrine forte et les crocs blancs.

Sedel je ob Thorntonovem ognju, močnih prsi in belih zob.

Sa longue fourrure ondulait, mais derrière lui, les esprits des chiens sauvages observaient.

Njegov dolg kožuh se je valovil, a za njim so opazovali duhovi divjih psov.

Des demi-loups et des loups à part entière s'agitaient dans son cœur et dans ses sens.

V njegovem srcu in čutilih so se prebudili polvolkovi in pravi volkovi.

Ils goûtèrent sa viande et burent la même eau que lui.

Okusili so njegovo meso in pili isto vodo kot on.

Ils reniflaient le vent à ses côtés et écoutaient la forêt.

Ob njem so vohali veter in poslušali gozd.

Ils murmuraient la signification des sons sauvages dans l'obscurité.

V temi so si šepetali pomen divjih zvokov.

Ils façonnaient ses humeurs et guidaient chacune de ses réactions silencieuses.

Oblikovali so njegova razpoloženja in usmerjali vsako od njegovih tihih reakcij.

Ils se sont couchés avec lui pendant son sommeil et sont devenus une partie de ses rêves profonds.

Ležali so z njim, ko je spal, in postali del njegovih globokih sanj.

Ils rêvaient avec lui, au-delà de lui, et constituaient son esprit même.

Sanjali so z njim, onkraj njega, in sestavljali njegovo dušo.

Les esprits de la nature appelèrent si fort que Buck se sentit attiré.

Divji duhovi so klicali tako močno, da se je Buck počutil privlečenega.

Chaque jour, l'humanité et ses revendications s'affaiblissaient dans le cœur de Buck.

Vsak dan je človeštvo in njegove zahteve v Buckovem srcu postajalo vse šibkejše.

Au plus profond de la forêt, un appel étrange et palpitant allait s'élever.

Globoko v gozdu se je zaslišal čuden in vznemirljiv klic.

Chaque fois qu'il entendait l'appel, Buck ressentait une envie à laquelle il ne pouvait résister.

Vsakič, ko je zaslišal klic, je Buck začutil potrebo, ki se ji ni mogel upreti.

Il allait se détourner du feu et des sentiers battus des humains.

Obrnil se bo stran od ognja in s prehojenih človeških poti.

Il allait s'enfoncer dans la forêt, avançant sans savoir pourquoi.

Nameraval se je pognati v gozd, naprej, ne da bi vedel, zakaj.

Il ne remettait pas en question cette attraction, car l'appel était profond et puissant.

Te privlačnosti ni podvomil, saj je bil klic globok in močan.

Souvent, il atteignait l'ombre verte et la terre douce et intacte

Pogosto je dosegel zeleno senco in mehko nedotaknjeno zemljo

Mais ensuite, son amour profond pour John Thornton l'a ramené vers le feu.

Potem pa ga je močna ljubezen do Johna Thorntona potegnila nazaj k ognju.

Seul John Thornton tenait véritablement le cœur sauvage de Buck entre ses mains.

Samo John Thornton je zares držal Buckovo divje srce v svojem objemu.

Le reste de l'humanité n'avait aucune valeur ni signification durable pour Buck.

Preostanek človeštva za Bucka ni imel trajne vrednosti ali pomena.

Les étrangers pourraient le féliciter ou caresser sa fourrure avec des mains amicales.

Neznanci ga lahko pohvalijo ali pa mu s prijaznimi rokami pobožajo kožuh.

Buck resta impassible et s'éloigna à cause de trop d'affection.

Buck je ostal neganjen in je zaradi prevelike naklonjenosti odšel.

Hans et Pete sont arrivés avec le radeau qu'ils attendaient depuis longtemps

Hans in Pete sta prispela s splavom, ki so ga dolgo čakali

Buck les a ignorés jusqu'à ce qu'il apprenne qu'ils étaient proches de Thornton.

Buck jih je ignoriral, dokler ni izvedel, da so blizu Thorntona.

Après cela, il les a tolérés, mais ne leur a jamais montré toute sa chaleur.

Po tem jih je sicer toleriral, a jim ni nikoli pokazal polne topline.

Il prenait de la nourriture ou des marques de gentillesse de leur part comme s'il leur rendait service.

Jemal je hrano ali prijaznost od njih, kot da bi jim delal uslugo.

Ils étaient comme Thornton : simples, honnêtes et clairs dans leurs pensées.

Bili so kot Thornton – preprosti, iskreni in jasnih misli.

Tous ensemble, ils se rendirent à la scierie de Dawson et au grand tourbillon

Vsi skupaj so odpotovali do Dawsonove žage in velikega vrtinca

Au cours de leur voyage, ils ont appris à comprendre profondément la nature de Buck.

Na svoji poti so se naučili globoko razumeti Buckovo naravo.

Ils n'ont pas essayé de se rapprocher comme Skeet et Nig l'avaient fait.

Nista se poskušala zbližati, kot sta se to storila Skeet in Nig.

Mais l'amour de Buck pour John Thornton n'a fait que s'approfondir avec le temps.

Toda Buckova ljubezen do Johna Thorntona se je sčasoma le še poglobila.

Seul Thornton pouvait placer un sac sur le dos de Buck en été.

Samo Thornton je lahko poleti Bucka obremenil.

Quoi que Thornton ordonne, Buck était prêt à l'exécuter pleinement.

Karkoli je Thornton ukazal, je bil Buck pripravljen v celoti storiti.

Un jour, après avoir quitté Dawson pour les sources du Tanana,

Nekega dne, ko so zapustili Dawson in se odpravili proti izviru Tanane,

le groupe était assis sur une falaise qui descendait d'un mètre jusqu'au substrat rocheux nu.

Skupina je sedela na pečini, ki se je spuščala meter globoko do gole skalne podlage.

John Thornton était assis près du bord et Buck se reposait à côté de lui.

John Thornton je sedel blizu roba, Buck pa je počival poleg njega.

Thornton eut une pensée soudaine et attira l'attention des hommes.

Thorntonu se je nenadoma posvetila misel in je pritegnil pozornost moških.

Il désigna le gouffre et donna un seul ordre à Buck.

Pokazal je čez prepad in dal Bucku en sam ukaz.

« Saute, Buck ! » dit-il en balançant son bras au-dessus de la chute.

„Skoči, Buck!" je rekel in zamahnil z roko čez prepad.

En un instant, il dut attraper Buck, qui sautait pour obéir.

V trenutku je moral zgrabiti Bucka, ki je skočil, da bi ga ubogal.

Hans et Pete se sont précipités en avant et ont ramené les deux hommes en sécurité.

Hans in Pete sta stekla naprej in oba potegnila nazaj na varno.

Une fois que tout fut terminé et qu'ils eurent repris leur souffle, Pete prit la parole.

Ko se je vse končalo in so si oddahnili, je spregovoril Pete.

« L'amour est étrange », dit-il, secoué par la dévotion féroce du chien.

„Ljubezen je nenavadna," je rekel, pretresen od pasje divje predanosti.

Thornton secoua la tête et répondit avec un sérieux calme.

Thornton je zmajal z glavo in odgovoril z mirno resnostjo.

« Non, l'amour est splendide », dit-il, « mais aussi terrible. »

„Ne, ljubezen je čudovita," je rekel, „ampak tudi grozna."

« Parfois, je dois l'admettre, ce genre d'amour me fait peur. »

"Včasih moram priznati, da me takšna ljubezen straši."

Pete hocha la tête et dit : « Je détesterais être l'homme qui te touche. »

Pete je prikimal in rekel:»Ne bi se rad dotaknil tebe.«

Il regarda Buck pendant qu'il parlait, sérieux et plein de respect.

Medtem ko je govoril, je pogledal Bucka, resno in polno spoštovanja.

« Py Jingo ! » s'empressa de dire Hans. « Moi non plus, non monsieur. »

„Py Jingo!" je hitro rekel Hans. „Jaz tudi ne, gospod."

Avant la fin de l'année, les craintes de Pete se sont réalisées à Circle City.

Pred koncem leta so se Peteovi strahovi v Circle Cityju uresničili.

Un homme cruel nommé Black Burton a provoqué une bagarre dans le bar.

Krut moški po imenu Black Burton se je v baru sprl.

Il était en colère et malveillant, s'en prenant à un nouveau tendre.

Bil je jezen in zloben, napadel je novega tekača.

John Thornton est intervenu, calme et de bonne humeur comme toujours.

Vstopil je John Thornton, miren in dobrodušen kot vedno.

Buck était allongé dans un coin, la tête baissée, observant Thornton de près.

Buck je ležal v kotu s sklonjeno glavo in pozorno opazoval Thorntona.

Burton frappa soudainement, son coup envoyant Thornton tourner.

Burton je nenadoma udaril, Thorntona pa je zavrtel.

Seule la barre du bar l'a empêché de s'écraser violemment au sol.

Le ograja bara ga je obvarovala pred močnim padcem na tla.

Les observateurs ont entendu un son qui n'était ni un aboiement ni un cri.

Opazovalci so slišali zvok, ki ni bil lajanje ali cviljenje

un rugissement profond sortit de Buck alors qu'il se lançait vers l'homme.

Buck je zagrmel, ko se je pognal proti moškemu.

Burton a levé le bras et a sauvé sa vie de justesse.

Burton je dvignil roko in si komaj rešil življenje.

Buck l'a percuté, le faisant tomber à plat sur le sol.

Buck je trčil vanj in ga zbil na tla.

Buck mordit profondément le bras de l'homme, puis se jeta à la gorge.

Buck je globoko ugriznil v moškega v roko, nato pa se je pognal proti grlu.

Burton n'a pu bloquer que partiellement et son cou a été déchiré.

Burton je lahko le delno blokiral, vrat pa si je raztrgal.

Des hommes se sont précipités, les bâtons levés, et ont chassé Buck de l'homme ensanglanté.

Moški so prihiteli noter z dvignjenimi palicami in odgnali Bucka stran od krvavečega moškega.

Un chirurgien est intervenu rapidement pour arrêter l'écoulement du sang.

Kirurg je hitro ukrepal, da bi ustavil iztekanje krvi.

Buck marchait de long en large et grognait, essayant d'attaquer encore et encore.

Buck je hodil sem in tja in renčal ter poskušal znova in znova napasti.

Seuls les coups de massue l'ont empêché d'atteindre Burton.

Le s palicami ni mogel doseči Burtona.

Une réunion de mineurs a été convoquée et tenue sur place.

Sklicali so rudarski zbor in ga odpeljali kar na kraju samem.

Ils ont convenu que Buck avait été provoqué et ont voté pour le libérer.

Strinjali so se, da je bil Buck izzvan, in glasovali za njegovo izpustitev.

Mais le nom féroce de Buck résonnait désormais dans tous les camps d'Alaska.

Toda Buckovo ostro ime je zdaj odmevalo v vsakem taborišču na Aljaski.

Plus tard cet automne-là, Buck sauva à nouveau Thornton d'une nouvelle manière.

Kasneje iste jeseni je Buck na nov način znova rešil Thorntona.

Les trois hommes guidaient un long bateau sur des rapides impétueux.

Trije moški so vodili dolg čoln po razburkanih brzicah.

Thornton dirigeait le bateau et donnait des indications pour se rendre sur le rivage.

Thornton je upravljal čoln in klical navodila za pot do obale.

Hans et Pete couraient sur terre, tenant une corde d'arbre en arbre.

Hans in Pete sta tekla po kopnem in se držala za vrv, ki je visela od drevesa do drevesa.

Buck suivait le rythme sur la rive, surveillant toujours son maître.

Buck je držal korak na bregu in ves čas opazoval svojega gospodarja.

À un endroit désagréable, des rochers surplombaient les eaux vives.

Na enem grdem mestu so izpod hitre vode štrlele skale.

Hans lâcha la corde et Thornton dirigea le bateau vers le large.

Hans je spustil vrv in Thornton je čoln usmeril na široko.

Hans sprinta pour rattraper le bateau en passant devant les rochers dangereux.

Hans je tekel, da bi spet ujel čoln mimo nevarnih skal.

Le bateau a franchi le rebord mais a heurté une partie plus forte du courant.

Čoln je prečkal rob, a je zadel močnejši del toka.

Hans a attrapé la corde trop vite et a déséquilibré le bateau.

Hans je prehitro zgrabil vrv in čoln potegnil iz ravnotežja.

Le bateau s'est retourné et a heurté la berge, cul en l'air.

Čoln se je prevrnil in z dnom navzgor trčil v breg.

Thornton a été jeté dehors et emporté dans la partie la plus sauvage de l'eau.

Thorntona je vrglo ven in ga je odneslo v najbolj divji del vode.

Aucun nageur n'aurait pu survivre dans ces eaux mortelles et tumultueuses.

Noben plavalec ne bi mogel preživeti v teh smrtonosnih, hitrih vodah.

Buck sauta instantanément et poursuivit son maître sur la rivière.

Buck je takoj skočil noter in zasledoval svojega gospodarja po reki.

Après trois cents mètres, il atteignit enfin Thornton.

Po tristo metrih je končno dosegel Thornton.

Thornton attrapa la queue de Buck, et Buck se tourna vers le rivage.

Thornton je zgrabil Bucka za rep in Buck se je obrnil proti obali.

Il nageait de toutes ses forces, luttant contre la force de l'eau.

Plaval je z vso močjo in se boril proti divjemu vlečenju vode.

Ils se déplaçaient en aval plus vite qu'ils ne pouvaient atteindre le rivage.

Hitreje so se premikali po toku, kot so lahko dosegli obalo.

Plus loin, la rivière rugissait plus fort alors qu'elle tombait dans des rapides mortels.

Pred nami je reka glasneje bučala, ko se je zlivala v smrtonosne brzice.

Les rochers fendaient l'eau comme les dents d'un énorme peigne.

Kamenje je rezalo vodo kot zobje ogromnega glavnika.

L'attraction de l'eau près de la chute était sauvage et inévitable.

Vlečenje vode blizu padca je bilo divje in neizogibno.

Thornton savait qu'ils ne pourraient jamais atteindre le rivage à temps.

Thornton je vedel, da nikoli ne bodo mogli pravočasno prispeti na obalo.

Il a gratté un rocher, s'est écrasé sur un deuxième,

Strgal je ob eno skalo, razbil ob drugo,

Et puis il s'est écrasé contre un troisième rocher, l'attrapant à deux mains.

In potem je trčil v tretjo skalo in se je oklepal z obema rokama.

Il lâcha Buck et cria par-dessus le rugissement : « Vas-y, Buck ! Vas-y ! »

Izpustil je Bucka in zakričal čez rjovenje: "Naprej, Buck! Naprej!"

Buck n'a pas pu rester à flot et a été emporté par le courant.

Buck ni mogel ostati na površju in ga je odnesel tok.

Il s'est battu avec acharnement, s'efforçant de se retourner, mais n'a fait aucun progrès.

Močno se je boril, se trudil obrniti, a ni dosegel nobenega napredka.

Puis il entendit Thornton répéter l'ordre par-dessus le rugissement de la rivière.

Nato je slišal Thorntona, ki je ponovil ukaz čez bučanje reke.

Buck sortit de l'eau et leva la tête comme pour un dernier regard.

Buck se je dvignil iz vode in dvignil glavo, kot da bi ga še zadnjič pogledal.

puis il se retourna et obéit, nageant vers la rive avec résolution.

nato se je obrnil in ubogal ter odločno plaval proti bregu.

Pete et Hans l'ont tiré à terre au dernier moment possible.

Pete in Hans sta ga v zadnjem možnem trenutku potegnila na obalo.

Ils savaient que Thornton ne pourrait s'accrocher au rocher que quelques minutes de plus.

Vedeli so, da se Thornton lahko oklepa skale le še nekaj minut.

Ils coururent sur la berge jusqu'à un endroit bien au-dessus de l'endroit où il était suspendu.

Stekli so po bregu do mesta daleč nad mestom, kjer je visel.

Ils ont soigneusement attaché la ligne du bateau au cou et aux épaules de Buck.

Vrv čolna so previdno privezali Bucku na vrat in ramena.

La corde était serrée mais suffisamment lâche pour permettre la respiration et le mouvement.

Vrv je bila tesno pripeta, a dovolj ohlapna za dihanje in gibanje.

Puis ils le jetèrent à nouveau dans la rivière tumultueuse et mortelle.

Nato so ga spet vrgli v deročo, smrtonosno reko.

Buck nageait avec audace mais manquait son angle face à la force du courant.

Buck je pogumno plaval, a je zgrešil svoj kot v sili potoka.

Il a vu trop tard qu'il allait dépasser Thornton.

Prepozno je videl, da bo zdrsnil mimo Thorntona.

Hans tira fort sur la corde, comme si Buck était un bateau en train de chavirer.

Hans je sunkovito zategnil vrv, kot da bi bil Buck prevrnjen čoln.

Le courant l'a entraîné vers le fond et il a disparu sous la surface.

Tok ga je potegnil pod površje in izginil je.

Son corps a heurté la berge avant que Hans et Pete ne le sortent.

Njegovo truplo je udarilo v breg, preden sta ga Hans in Pete potegnila ven.

Il était à moitié noyé et ils l'ont chassé de l'eau.

Bil je napol utopljen in iz njega so iztisnili vodo.

Buck se leva, tituba et s'effondra à nouveau sur le sol.

Buck je vstal, se opotekel in se spet zgrudil na tla.

Puis ils entendirent la voix de Thornton faiblement portée par le vent.

Nato so zaslišali Thorntonov glas, ki ga je slabo nosil veter.

Même si les mots n'étaient pas clairs, ils savaient qu'il était proche de la mort.

Čeprav so bile besede nejasne, so vedeli, da je blizu smrti.

Le son de la voix de Thornton frappa Buck comme une décharge électrique.

Zvok Thorntonovega glasu je Bucka zadel kot električni sunek.

Il sauta et courut sur la berge, retournant au point de lancement.

Skočil je pokonci in stekel po bregu navzgor, nazaj do izhodišča.

Ils attachèrent à nouveau la corde à Buck, et il entra à nouveau dans le ruisseau.

Spet so privezali vrv na Bucka in spet je vstopil v potok.

Cette fois, il nagea directement et fermement dans l'eau tumultueuse.

Tokrat je plaval naravnost in odločno v deročo vodo.

Hans laissa sortir la corde régulièrement tandis que Pete l'empêchait de s'emmêler.

Hans je enakomerno spuščal vrv, medtem ko je Pete preprečeval, da bi se zapletla.

Buck a nagé avec acharnement jusqu'à ce qu'il soit aligné juste au-dessus de Thornton.

Buck je močno plaval, dokler se ni poravnal tik nad Thorntonom.

Puis il s'est retourné et a foncé comme un train à toute vitesse.

Nato se je obrnil in se pognal navzdol kot vlak s polno hitrostjo.

Thornton le vit arriver, se redressa et entoura son cou de ses bras.

Thornton ga je videl prihajati, se pripravil in ga objel okoli vratu.

Hans a attaché la corde fermement autour d'un arbre alors qu'ils étaient tous les deux entraînés sous l'eau.

Hans je vrv trdno privezal okoli drevesa, ko sta oba potegnila pod sebe.

Ils ont dégringolé sous l'eau, s'écrasant contre des rochers et des débris de la rivière.

Padali so pod vodo in se zaletavali v skale in rečne naplavine.

Un instant, Buck était au sommet, l'instant d'après, Thornton se levait en haletant.

V enem trenutku je bil Buck na vrhu, v naslednjem pa je Thornton vstal, sopejoč.

Battus et étouffés, ils se dirigèrent vers la rive et la sécurité.

Pretepeni in zadušeni so se obrnili proti bregu in na varno.

Thornton a repris connaissance, allongé sur un tronc d'arbre.

Thornton se je zavedel, ko je ležal na naplavljenem hlodcu.

Hans et Pete ont travaillé dur pour lui redonner souffle et vie.

Hans in Pete sta trdo delala, da bi mu povrnila sapo in življenje.

Sa première pensée fut pour Buck, qui gisait immobile et mou.

Njegova prva misel je bila na Bucka, ki je negibno in mlahavo ležal.

Nig hurla sur le corps de Buck et Skeet lui lécha doucement le visage.

Nig je zavil nad Buckovim telesom, Skeet pa mu je nežno polizal obraz.

Thornton, endolori et meurtri, examina Buck avec des mains prudentes.

Thornton, boleč in podplut, je s skrbnimi rokami pregledal Bucka.

Il a trouvé trois côtes cassées, mais aucune blessure mortelle chez le chien.

Ugotovil je, da ima tri zlomljena rebra, vendar pri psu ni bilo smrtonosnih ran.

« C'est réglé », dit Thornton. « On campe ici. » Et c'est ce qu'ils firent.

„To je rešeno," je rekel Thornton. „Tukaj bomo taborili." In to so storili.

Ils sont restés jusqu'à ce que les côtes de Buck soient guéries et qu'il puisse à nouveau marcher.

Ostali so, dokler se Bucku niso zacelila rebra in je spet lahko hodil.

Cet hiver-là, Buck accomplit un exploit qui augmenta encore sa renommée.
Tisto zimo je Buck izvedel podvig, ki je še bolj povečal njegovo slavo.

C'était moins héroïque que de sauver Thornton, mais tout aussi impressionnant.
Bilo je manj junaško kot rešitev Thorntona, a prav tako impresivno.

À Dawson, les partenaires avaient besoin de provisions pour un long voyage.
V Dawsonu so partnerji potrebovali zaloge za oddaljeno potovanje.

Ils voulaient voyager vers l'Est, dans des terres sauvages et intactes.
Želeli so potovati na vzhod, v nedotaknjena divja območja.

L'acte de Buck dans l'Eldorado Saloon a rendu ce voyage possible.
Buckovo dejanje v salonu Eldorado je omogočilo to potovanje.

Tout a commencé avec des hommes qui se vantaient de leurs chiens en buvant un verre.
Začelo se je z moškimi, ki so se med pijačo hvalili s svojimi psi.

La renommée de Buck a fait de lui la cible de défis et de doutes.
Buckova slava ga je naredila tarčo izzivov in dvomov.

Thornton, fier et calme, resta ferme dans la défense du nom de Buck.
Thornton, ponosen in miren, je neomajno branil Buckovo ime.

Un homme a déclaré que son chien pouvait facilement tirer deux cents kilos.
Neki moški je rekel, da njegov pes z lahkoto vleče dvesto kilogramov.

Un autre a dit six cents, et un troisième s'est vanté d'en avoir sept cents.
Drug je rekel šeststo, tretji pa se je hvalil s sedemsto.

« Pfft ! » dit John Thornton, « Buck peut tirer un traîneau de mille livres. »

„Pfft!" je rekel John Thornton, „Buck lahko vleče tisoč funtov težke sani."

Matthewson, un roi de Bonanza, s'est penché en avant et l'a défié.

Matthewson, kralj Bonanze, se je nagnil naprej in ga izzval.

« Tu penses qu'il peut mettre autant de poids en mouvement ? »

"Misliš, da lahko premakne toliko teže?"

« Et tu penses qu'il peut tirer le poids sur une centaine de mètres ? »

"In misliš, da lahko potegne utež celih sto metrov?"

Thornton répondit froidement : « Oui. Buck est assez doué pour le faire. »

Thornton je hladnokrvno odgovoril: »Da. Buck je dovolj pes, da to stori.«

« Il mettra mille livres en mouvement et le tirera sur une centaine de mètres. »

"Spravil bo v gibanje tisoč funtov in ga potegnil sto jardov."

Matthewson sourit lentement et s'assura que tous les hommes entendaient ses paroles.

Matthewson se je počasi nasmehnil in poskrbel, da so vsi moški slišali njegove besede.

« J'ai mille dollars qui disent qu'il ne peut pas. Le voilà. »

"Imam tisoč dolarjev, ki pravijo, da ne more. Tukaj je."

Il a claqué un sac de poussière d'or de la taille d'une saucisse sur le bar.

Na šank je treščil vrečko zlatega prahu, veliko kot klobasa.

Personne ne dit un mot. Le silence devint pesant et tendu autour d'eux.

Nihče ni rekel niti besede. Tišina okoli njih je postajala vse težja in napetejša.

Le bluff de Thornton – s'il en était un – avait été pris au sérieux.

Thorntonov blef – če je sploh blef – je bil vzet resno.

Il sentit la chaleur monter sur son visage tandis que le sang affluait sur ses joues.

Čutil je vročino, ki mu je naraščala v obraz, ko mu je kri pritekla v lica.

Sa langue avait pris le pas sur sa raison à ce moment-là.

V tistem trenutku je njegov jezik prehitel razum.

Il ne savait vraiment pas si Buck pouvait déplacer mille livres.

Resnično ni vedel, če Buck lahko premakne tisoč funtov.

Une demi-tonne ! Rien que sa taille lui pesait le cœur.

Pol tone! Že sama velikost mu je stisnilo srce.

Il avait foi en la force de Buck et le pensait capable.

Verjel je v Buckovo moč in mislil, da je sposoben.

Mais il n'avait jamais été confronté à ce genre de défi, pas comme celui-ci.

Vendar se še nikoli ni soočil s tovrstnim izzivom, ne s takim.

Une douzaine d'hommes l'observaient tranquillement, attendant de voir ce qu'il allait faire.

Ducat mož ga je tiho opazovalo in čakalo, kaj bo storil.

Il n'avait pas d'argent, ni Hans ni Pete.

Ni imel denarja – niti Hans niti Pete.

« J'ai un traîneau dehors », dit Matthewson froidement et directement.

„Zunaj imam sani," je hladno in neposredno rekel Matthewson.

« Il est chargé de vingt sacs de cinquante livres chacun, tous de farine.

„Naloženo je z dvajsetimi vrečami, vsaka po petdeset funtov, vse moke."

« Alors ne laissez pas un traîneau manquant devenir votre excuse maintenant », a-t-il ajouté.

"Zato naj vam manjkajoče sani zdaj ne bodo izgovor," je dodal.

Thornton resta silencieux. Il ne savait pas quels mots lui dire.

Thornton je molčal. Ni vedel, katere besede naj ponudi.

Il regarda les visages autour de lui sans les voir clairement.

Ozrl se je po obrazih, ne da bi jih jasno videl.

Il ressemblait à un homme figé dans ses pensées, essayant de redémarrer.

Videti je bil kot človek, zamrznjen v mislih, ki poskuša znova začeti.

Puis il a vu Jim O'Brien, un ami de l'époque Mastodon.

Potem je zagledal Jima O'Briena, prijatelja iz časov Mastodonta.

Ce visage familier lui a donné un courage qu'il ne savait pas avoir.

Ta znani obraz mu je vlil pogum, za katerega ni vedel, da ga ima.

Il se tourna et demanda à voix basse : « Peux-tu me prêter mille ? »

Obrnil se je in tiho vprašal:»Mi lahko posodiš tisoč?«

« Bien sûr », dit O'Brien, laissant déjà tomber un lourd sac près de l'or.

„Seveda," je rekel O'Brien in že spustil težko vrečo poleg zlata.

« Mais honnêtement, John, je ne crois pas que la bête puisse faire ça. »

"Ampak resnici na ljubo, John, ne verjamem, da zver to zmore."

Tout le monde dans le Saloon Eldorado s'est précipité dehors pour voir l'événement.

Vsi v salonu Eldorado so stekli ven, da bi si ogledali dogodek.

Ils ont laissé les tables et les boissons, et même les jeux ont été interrompus.

Zapustili so mize in pijačo, celo igre so bile začasno ustavljene.

Les croupiers et les joueurs sont venus assister à la fin de ce pari audacieux.

Krupjeji in igralci na srečo so prišli, da bi bili priča koncu drzne stave.

Des centaines de personnes se sont rassemblées autour du traîneau dans la rue glacée.

Na ledeni ulici se je okoli sani zbralo na stotine ljudi.

Le traîneau de Matthewson était chargé d'une charge complète de sacs de farine.

Matthewsonove sani so stale polne vreč moke.

Le traîneau était resté immobile pendant des heures à des températures négatives.

Sani so ure stale pri minus temperaturah.

Les patins du traîneau étaient gelés et collés à la neige tassée.

Tekači sani so bili tesno primrznjeni v zbit sneg.

Les hommes ont offert une cote de deux contre un que Buck ne pourrait pas déplacer le traîneau.

Moški so stavili dve proti ena, da Buck ne bo mogel premakniti sani.

Une dispute a éclaté sur ce que signifiait réellement « sortir ».

Izbruhnil je spor o tem, kaj "izbruh" v resnici pomeni.

O'Brien a déclaré que Thornton devrait desserrer la base gelée du traîneau.

O'Brien je rekel, da bi moral Thornton zrahljati zamrznjeno podlago sani.

Buck pourrait alors « sortir » d'un départ solide et immobile.

Buck se je nato lahko "izbil" iz trdnega, negibnega začetka.

Matthewson a soutenu que le chien devait également libérer les coureurs.

Matthewson je trdil, da mora pes tudi osvoboditi tekače.

Les hommes qui avaient entendu le pari étaient d'accord avec le point de vue de Matthewson.

Možje, ki so slišali stavo, so se strinjali z Matthewsonovim stališčem.

Avec cette décision, les chances sont passées à trois contre un contre Buck.

S to odločitvijo so se kvote proti Bucku povečale na tri proti ena.

Personne ne s'est manifesté pour prendre en compte les chances croissantes de trois contre un.

Nihče se ni odločil izkoristiti naraščajoče kvote tri proti ena.

Pas un seul homme ne croyait que Buck pouvait accomplir un tel exploit.

Nihče ni verjel, da bi Buck lahko izvedel ta veliki podvig.

Thornton s'était précipité dans le pari, lourd de doutes.

Thorntona so v stavo prisilili, polnega dvomov.

Il regarda alors le traîneau et l'attelage de dix chiens à côté.

Zdaj je pogledal sani in desetpse vprego poleg njih.

En voyant la réalité de la tâche, elle semblait encore plus impossible.

Ko sem videl realnost naloge, se je zdela še bolj nemogoča.

Matthewson était plein de fierté et de confiance à ce moment-là.

Matthewson je bil v tistem trenutku poln ponosa in samozavesti.

« Trois contre un ! » cria-t-il. « Je parie mille de plus, Thornton !

„Tri proti ena!" je zavpil. „Stavim še tisoč, Thornton!"

« Que dites-vous ? » ajouta-t-il, assez fort pour que tout le monde l'entende.

„Kaj praviš?" je dodal dovolj glasno, da so ga vsi slišali.

Le visage de Thornton exprimait ses doutes, mais son esprit s'était élevé.

Thorntonov obraz je kazal dvome, a njegov duh se je dvignil.

Cet esprit combatif ignorait les probabilités et ne craignait rien du tout.

Ta borbeni duh je prezrl ovire in se ni bal ničesar.

Il a appelé Hans et Pete pour apporter tout leur argent sur la table.

Poklical je Hansa in Peta, da prineseta ves svoj denar na mizo.

Il ne leur restait plus grand-chose : seulement deux cents dollars au total.

Ostalo jim je malo – skupaj le dvesto dolarjev.

Cette petite somme représentait toute leur fortune pendant les temps difficiles.

Ta majhna vsota je bila njihovo celotno bogastvo v težkih časih.

Pourtant, ils ont misé toute leur fortune contre le pari de Matthewson.

Vseeno so stavili vse premoženje proti Matthewsonovi stavi.

L'attelage de dix chiens a été dételé et éloigné du traîneau.

Vprega desetih psov je bila odvezana in se odmaknila od sani.

Buck a été placé dans les rênes, portant son harnais familier.
Bucka so posadili na vajeti in ga oprli v svoj znani oprsnik.
Il avait capté l'énergie de la foule et ressenti la tension.
Ujel je energijo množice in začutil napetost.
D'une manière ou d'une autre, il savait qu'il devait faire quelque chose pour John Thornton.
Nekako je vedel, da mora nekaj storiti za Johna Thorntona.
Les gens murmuraient avec admiration devant la fière silhouette du chien.
Ljudje so občudovali ponosno postavo psa in mrmrali z občudovanjem.
Il était mince et fort, sans une seule once de chair supplémentaire.
Bil je suh in močan, brez enega samega odvečnega koščka mesa.
Son poids total de cent cinquante livres n'était que puissance et endurance.
Njegova polna teža sto petdeset funtov je bila vsa moč in vzdržljivost.
Le pelage de Buck brillait comme de la soie, épais de santé et de force.
Buckov kožuh se je lesketal kot svila, poln zdravja in moči.
La fourrure le long de son cou et de ses épaules semblait se soulever et se hérisser.
Dlaka vzdolž njegovega vratu in ramen se je zdela dvignjena in naježena.
Sa crinière bougeait légèrement, chaque cheveu vivant de sa grande énergie.
Njegova griva se je rahlo premaknila, vsak las je bil živahen od njegove velike energije.
Sa large poitrine et ses jambes fortes correspondaient à sa silhouette lourde et robuste.
Njegova široka prsa in močne noge so se ujemale z njegovo težko, žilavo postavo.
Des muscles ondulaient sous son manteau, tendus et fermes comme du fer lié.

Mišice so se mu pod plaščem valovile, napete in čvrste kot okovano železo.

Les hommes le touchaient et juraient qu'il était bâti comme une machine en acier.

Moški so se ga dotikali in prisegali, da je bil grajen kot jeklen stroj.

Les chances ont légèrement baissé à deux contre un contre le grand chien.

Kvota se je nekoliko znižala na dva proti ena proti velikemu psu.

Un homme des bancs de Skookum s'avança en bégayant.

Moški s klopi Skookum se je jecljajoč prerival naprej.

« Bien, monsieur ! J'offre huit cents pour lui – avant l'examen, monsieur ! »

„Dobro, gospod! Ponujam osemsto zanj – pred preizkusom, gospod!"

« Huit cents, tel qu'il est en ce moment ! » insista l'homme.

„Osemsto, kot je zdaj!" je vztrajal moški.

Thornton s'avança, sourit et secoua calmement la tête.

Thornton je stopil naprej, se nasmehnil in mirno zmajal z glavo.

Matthewson est rapidement intervenu avec une voix d'avertissement et un froncement de sourcils.

Matthewson je hitro vstopil z opozorilnim glasom in se namrščil.

« Éloignez-vous de lui », dit-il. « Laissez-lui de l'espace. »

„Moraš se od njega umakniti," je rekel. „Daj mu prostor."

La foule se tut ; seuls les joueurs continuaient à miser deux contre un.

Množica je utihnila; le še igralci na srečo so ponujali stave dva proti ena.

Tout le monde admirait la carrure de Buck, mais la charge semblait trop lourde.

Vsi so občudovali Buckovo postavo, toda tovor je bil videti prevelik.

Vingt sacs de farine, pesant chacun cinquante livres, semblaient beaucoup trop.

Dvajset vreč moke – vsaka tehtala je petdeset funtov – se je zdelo preveč.

Personne n'était prêt à ouvrir sa bourse et à risquer son argent.

Nihče ni bil pripravljen odpreti torbice in tvegati svojega denarja.

Thornton s'agenouilla à côté de Buck et prit sa tête à deux mains.

Thornton je pokleknil poleg Bucka in mu z rokami prijel glavo.

Il pressa sa joue contre celle de Buck et lui parla à l'oreille.

Pritisnil je lice k Buckovemu in mu govoril na uho.

Il n'y avait plus de secousses enjouées ni d'insultes affectueuses murmurées.

Zdaj ni bilo več igrivega stresanja ali šepetanja ljubečih žaljivk.

Il murmura simplement doucement : « Autant que tu m'aimes, Buck. »

Le tiho je zamrmral: »Čeprav me ljubiš, Buck.«

Buck émit un gémissement silencieux, son impatience à peine contenue.

Buck je tiho zacvilil, komaj zadrževal svojo vnemo.

Les spectateurs observaient avec curiosité la tension qui emplissait l'air.

Opazovalci so z radovednostjo opazovali, kako je v zraku naraščala napetost.

Le moment semblait presque irréel, comme quelque chose qui dépassait la raison.

Trenutek se je zdel skoraj neresničen, kot nekaj onkraj razuma.

Lorsque Thornton se leva, Buck prit doucement sa main dans ses mâchoires.

Ko je Thornton vstal, ga je Buck nežno prijel za roko.

Il appuya avec ses dents, puis relâcha lentement et doucement.

Pritisnil je z zobmi, nato pa počasi in nežno spustil.

C'était une réponse silencieuse d'amour, non prononcée, mais comprise.

Bil je tihi odgovor ljubezni, ne izrečen, ampak razumljen.

Thornton s'éloigna du chien et donna le signal.

Thornton se je precej oddaljil od psa in dal znak.

« Maintenant, Buck », dit-il, et Buck répondit avec un calme concentré.

„No, Buck," je rekel, Buck pa je odgovoril z osredotočenim mirom.

Buck a resserré les traces, puis les a desserrées de quelques centimètres.

Buck je zategnil sledi, nato pa jih je za nekaj centimetrov zrahljal.

C'était la méthode qu'il avait apprise ; sa façon de briser le traîneau.

To je bila metoda, ki se je je naučil; njegov način, kako uničiti sani.

« Tiens ! » cria Thornton, sa voix aiguë dans le silence pesant.

„Joj!" je zavpil Thornton z ostrim glasom v težki tišini.

Buck se tourna vers la droite et se jeta de tout son poids.

Buck se je obrnil v desno in se z vso težo pognal naprej.

Le mou disparut et toute la masse de Buck heurta les lignes serrées.

Ohlapnost je izginila in Buckova vsa masa je zadela tesne proge.

Le traîneau tremblait et les patins émettaient un bruit de crépitement.

Sani so se tresle, tekači pa so izdali hrustljav pokajoč zvok.

« Haw ! » ordonna Thornton, changeant à nouveau la direction de Buck.

„Hau!" je ukazal Thornton in spet spremenil Buckovo smer.

Buck répéta le mouvement, cette fois en tirant brusquement vers la gauche.

Buck je ponovil gib, tokrat ostro potegnil v levo.

Le traîneau craquait plus fort, les patins claquaient et se déplaçaient.

Sani so pokale glasneje, tekači so škripali in se premikali.

La lourde charge glissait légèrement latéralement sur la neige gelée.

Težak tovor je rahlo drsel postrani po zmrznjenem snegu.

Le traîneau s'était libéré de l'emprise du sentier glacé !

Sani so se osvobodile iz primeža ledene poti!

Les hommes retenaient leur souffle, ignorant qu'ils ne respiraient même pas.

Moški so zadrževali dih, ne da bi se zavedali, da sploh ne dihajo.

« Maintenant, TIREZ ! » cria Thornton à travers le silence glacial.

„Zdaj pa POVLECI!" je zavpil Thornton čez ledeno tišino.

L'ordre de Thornton résonna fort, comme le claquement d'un fouet.

Thorntonov ukaz je odmeval ostro, kot bič.

Buck se jeta en avant avec un mouvement violent et saccadé.

Buck se je z divjim in sunkovitim skokom pognal naprej.

Tout son corps se tendit et se contracta sous l'énorme tension.

Celotno telo se mu je napelo in stisnilo pri močni obremenitvi.

Des muscles ondulaient sous sa fourrure comme des serpents prenant vie.

Mišice so se mu pod kožuhom valovile kot kače, ki oživljajo.

Sa large poitrine était basse, la tête tendue vers l'avant en direction du traîneau.

Njegove široke prsi so bile nizke, glava pa iztegnjena naprej proti sanem.

Ses pattes bougeaient comme l'éclair, ses griffes tranchant le sol gelé.

Njegove šape so se premikale kot blisk, kremplji pa so rezali po zmrznjeni tleh.

Des rainures ont été creusées profondément alors qu'il luttait pour chaque centimètre de traction.

Utori so bili globoko zarezani, ko se je boril za vsak centimeter oprijema.

Le traîneau se balança, trembla et commença un mouvement lent et agité.

Sani so se zibale, tresle in začele počasi, nemirno gibati.

Un pied a glissé et un homme dans la foule a gémi à haute voix.

Ena noga mu je zdrsnila in moški v množici je glasno zastokal.

Puis le traîneau s'élança en avant dans un mouvement saccadé et brusque.

Nato so se sani sunkovito, grobo pognale naprej.

Cela ne s'est pas arrêté à nouveau - un demi-pouce... un pouce... deux pouces de plus.

Ni se spet ustavilo – pol palca ... centimeter ... dva palca več.

Les secousses devinrent plus faibles à mesure que le traîneau commençait à prendre de la vitesse.

Sunki so postajali vse manjši, ko so sani začele pridobivati hitrost.

Bientôt, Buck tirait avec une puissance douce et régulière.

Kmalu je Buck vlekel z gladko, enakomerno, kotalno močjo.

Les hommes haletèrent et finirent par se rappeler de respirer à nouveau.

Moški so zavzdihnili in se končno spomnili, da morajo spet dihati.

Ils n'avaient pas remarqué que leur souffle s'était arrêté de stupeur.

Niso opazili, da jim je od strahospoštovanja zastal dih.

Thornton courait derrière, lançant des ordres courts et joyeux.

Thornton je tekel za njim in vzklikal kratke, vesele ukaze.

Devant nous se trouvait une pile de bois de chauffage qui marquait la distance.

Pred nami je bil kup drv, ki je označeval razdaljo.

Alors que Buck s'approchait du tas, les acclamations devenaient de plus en plus fortes.

Ko se je Buck bližal kupu, je vzklikanje postajalo vse glasnejše.

Les acclamations se sont transformées en rugissement lorsque Buck a dépassé le point d'arrivée.

Navijanje se je stopnjevalo v rjovenje, ko je Buck prečkal končno točko.

Les hommes ont sauté et crié, même Matthewson a esquissé un sourire.

Moški so skakali in kričali, celo Matthewson se je nasmehnil.

Les chapeaux volaient dans les airs, les mitaines étaient lancées sans réfléchir ni viser.

Klobuki so leteli v zrak, palčniki so bili metani brez premisleka in cilja.

Les hommes se sont attrapés et se sont serré la main sans savoir à qui.

Moški so se prijeli in se rokovali, ne da bi vedeli, kdo.

Toute la foule bourdonnait d'une célébration folle et joyeuse.

Vsa množica je brenčala v divjem, veselem praznovanju.

Thornton tomba à genoux à côté de Buck, les mains tremblantes.

Thornton je s tresočimi rokami padel na kolena poleg Bucka.

Il pressa sa tête contre celle de Buck et le secoua doucement d'avant en arrière.

Pritisnil je glavo k Buckovi in ga nežno stresal sem ter tja.

Ceux qui s'approchaient l'entendaient maudire le chien avec un amour silencieux.

Tisti, ki so se približali, so ga slišali, kako je s tiho ljubeznijo preklinjal psa.

Il a insulté Buck pendant un long moment, doucement, chaleureusement, avec émotion.

Dolgo je preklinjal Bucka – tiho, toplo, ganjeno.

« Bien, monsieur ! Bien, monsieur ! » s'écria précipitamment le roi du Banc Skookum.

„Dobro, gospod! Dobro, gospod!" je naglo zavpil kralj skookumske klopi.

« Je vous donne mille, non, douze cents, pour ce chien, monsieur ! »

„Dal vam bom tisoč – ne, dvesto dvesto – za tega psa, gospod!"

Thornton se leva lentement, les yeux brillants d'émotion.

Thornton se je počasi dvignil na noge, oči so mu žarele od čustev.

Les larmes coulaient ouvertement sur ses joues sans aucune honte.

Solze so mu odkrito tekle po licih brez kakršnega koli sramu.

« Monsieur », dit-il au roi du banc Skookum, ferme et posé.

„Gospod," je rekel kralju klopi Skookum, mirno in odločno

« Non, monsieur. Allez au diable, monsieur. C'est ma réponse définitive. »

"Ne, gospod. Lahko greste k vragu, gospod. To je moj končni odgovor."

Buck attrapa doucement la main de Thornton dans ses mâchoires puissantes.

Buck je nežno zgrabil Thorntonovo roko s svojimi močnimi čeljustmi.

Thornton le secoua de manière enjouée, leur lien étant plus profond que jamais.

Thornton ga je igrivo stresel, njuna vez je bila globoka kot vedno.

La foule, émue par l'instant, recula en silence.

Množica, ganjena nad trenutkom, se je v tišini umaknila.

Dès lors, personne n'osa interrompre cette affection si sacrée.

Od takrat naprej si nihče ni upal prekiniti te svete naklonjenosti.

Le son de l'appel
Zvok klica

Buck avait gagné seize cents dollars en cinq minutes.

Buck je v petih minutah zaslužil tisoč tisoč dolarjev.

Cet argent a permis à John Thornton de payer une partie de ses dettes.

Denar je Johnu Thorntonu omogočil, da je odplačal nekaj svojih dolgov.

Avec le reste de l'argent, il se dirigea vers l'Est avec ses partenaires.

Z ostalim denarjem se je s partnerji odpravil na vzhod.

Ils cherchaient une mine perdue légendaire, aussi vieille que le pays lui-même.

Iskali so legendarni izgubljeni rudnik, star kot sama država.

Beaucoup d'hommes avaient cherché la mine, mais peu l'avaient trouvée.

Mnogi moški so iskali rudnik, a le redki so ga kdaj našli.

Plus d'un homme avait disparu au cours de cette quête dangereuse.

Med nevarnim iskanjem je izginilo več kot nekaj mož.

Cette mine perdue était enveloppée à la fois de mystère et d'une vieille tragédie.

Ta izgubljeni rudnik je bil zavit v skrivnost in staro tragedijo.

Personne ne savait qui avait été le premier homme à découvrir la mine.

Nihče ni vedel, kdo je bil prvi, ki je odkril rudnik.

Les histoires les plus anciennes ne mentionnent personne par son nom.

Najstarejše zgodbe ne omenjajo nikogar po imenu.

Il y avait toujours eu là une vieille cabane délabrée.

Tam je vedno stala stara, razpadajoča koča.

Des hommes mourants avaient juré qu'il y avait une mine à côté de cette vieille cabane.

Umirajoči moški so prisegli, da je poleg tiste stare koče rudnik.

Ils ont prouvé leurs histoires avec de l'or comme on n'en trouve nulle part ailleurs.

Svoje zgodbe so dokazali z zlatom, kakršnega ni mogoče najti nikjer drugje.

Aucune âme vivante n'avait jamais pillé le trésor de cet endroit.

Še nikoli ni živa duša izplenila zaklada s tistega kraja.

Les morts étaient morts, et les morts ne racontent pas d'histoires.

Mrtvi so bili mrtvi, mrtveci pa ne pripovedujejo zgodb.

Thornton et ses amis se dirigèrent donc vers l'Est.

Tako so se Thornton in njegovi prijatelji odpravili na Vzhod.

Pete et Hans se sont joints à eux, amenant Buck et six chiens forts.

Pete in Hans sta se pridružila in pripeljala Bucka ter šest močnih psov.

Ils se sont lancés sur un chemin inconnu là où d'autres avaient échoué.

Odpravili so se po neznani poti, kjer so drugi spodleteli.

Ils ont parcouru soixante-dix milles en traîneau sur le fleuve Yukon gelé.

S sankami so se peljali sedemdeset milj po zamrznjeni reki Yukon navzgor.

Ils tournèrent à gauche et suivirent le sentier jusqu'au Stewart.

Zavili so levo in sledili poti v reko Stewart.

Ils passèrent le Mayo et le McQuestion, poursuivant leur route.

Peljali so se mimo Mayoja in McQuestiona ter nadaljevali pot.

Le Stewart s'est rétréci en un ruisseau, traversant des pics déchiquetés.

Stewart se je skrčil v potok, ki se je vijugal čez nazobčane vrhove.

Ces pics acérés marquaient l'épine dorsale même du continent.

Ti ostri vrhovi so označevali hrbtenico celine.

John Thornton exigeait peu des hommes ou de la nature sauvage.

John Thornton je od ljudi ali divjine zahteval malo.

Il ne craignait rien dans la nature et affrontait la nature sauvage avec aisance.

V naravi se ni bal ničesar in se je z divjino soočal z lahkoto.

Avec seulement du sel et un fusil, il pouvait voyager où il le souhaitait.

Samo s soljo in puško je lahko potoval, kamor je želel.

Comme les indigènes, il chassait de la nourriture pendant ses voyages.

Tako kot domorodci je med potovanjem lovil hrano.

S'il n'attrapait rien, il continuait, confiant en la chance qui l'attendait.

Če ni ničesar ujel, je nadaljeval pot in zaupal v srečo.

Au cours de ce long voyage, la viande était la principale nourriture qu'ils mangeaient.

Na tej dolgi poti je bilo meso glavna stvar, ki so jo jedli.

Le traîneau contenait des outils et des munitions, mais aucun horaire strict.

Sani so imele orodje in strelivo, vendar ni bilo strogega urnika.

Buck adorait cette errance, la chasse et la pêche sans fin.

Buck je oboževal to potepanje; neskončen lov in ribolov.

Pendant des semaines, ils ont voyagé jour après jour.

Tedne za tednom so potovali, dan za dnem.

D'autres fois, ils établissaient des camps et restaient immobiles pendant des semaines.

Drugič so si postavili tabore in ostali pri miru več tednov.

Les chiens se reposaient pendant que les hommes creusaient dans la terre gelée.

Psi so počivali, medtem ko so moški kopali po zmrznjeni zemlji.

Ils chauffaient des poêles sur des feux et cherchaient de l'or caché.

Greli so ponve na ognju in iskali skrito zlato.

Certains jours, ils souffraient de faim, et d'autres jours, ils faisaient des festins.

Nekatere dni so stradali, druge dni pa so imeli pojedine.

Leurs repas dépendaient du gibier et de la chance de la chasse.

Njihovi obroki so bili odvisni od divjadi in sreče pri lovu.

Quand l'été arrivait, les hommes et les chiens chargeaient des charges sur leur dos.

Ko je prišlo poletje, so moški in psi naložili tovor na hrbte.

Ils ont fait du rafting sur des lacs bleus cachés dans des forêts de montagne.

Splavali so po modrih jezerih, skritih v gorskih gozdovih.

Ils naviguaient sur des bateaux minces sur des rivières qu'aucun homme n'avait jamais cartographiées.

Pluli so z ozkimi čolni po rekah, ki jih še nihče ni preslikal.

Ces bateaux ont été construits à partir d'arbres sciés dans la nature.

Te čolne so zgradili iz dreves, ki so jih žagali v divjini.

Les mois passèrent et ils sillonnèrent des terres sauvages et inconnues.

Meseci so minevali in vijugali so se skozi divje neznane dežele.

Il n'y avait pas d'hommes là-bas, mais de vieilles traces suggéraient qu'il y en avait eu.

Tam ni bilo moških, vendar so stare sledi namigovale, da so moški bili.

Si la Cabane Perdue était réelle, alors d'autres étaient déjà passés par là.

Če je Izgubljena koča resnična, so nekoč tukaj prišli tudi drugi.

Ils traversaient des cols élevés dans des blizzards, même pendant l'été.

Visoke prelaze so prečkali v snežnih metežih, celo poleti.

Ils frissonnaient sous le soleil de minuit sur les pentes nues des montagnes.

Tresli so se pod polnočnim soncem na golih gorskih pobočjih.

Entre la limite des arbres et les champs de neige, ils montaient lentement.

Med gozdno mejo in snežnimi polji so se počasi vzpenjali.

Dans les vallées chaudes, ils écrasaient des nuages de moucherons et de mouches.

V toplih dolinah so odganjali oblake komarjev in muh.

Ils cueillaient des baies sucrées près des glaciers en pleine floraison estivale.

V bližini ledenikov, ki so bili v polnem poletnem razcvetu, so nabirali sladke jagode.

Les fleurs qu'ils ont trouvées étaient aussi belles que celles du Southland.

Rože, ki so jih našli, so bile tako lepe kot tiste v Južni deželi.

Cet automne-là, ils atteignirent une région solitaire remplie de lacs silencieux.

Tisto jesen so dosegli samotno območje, polno tihih jezer.

La terre était triste et vide, autrefois pleine d'oiseaux et de bêtes.

Dežela je bila žalostna in prazna, nekoč polna ptic in zveri.

Il n'y avait plus de vie, seulement le vent et la glace qui se formait dans les flaques.

Zdaj ni bilo življenja, le veter in led, ki se je tvoril v tolmunih.

Les vagues s'écrasaient sur les rivages déserts avec un son doux et lugubre.

Valovi so z mehkim, žalostnim zvokom pljuskali ob prazne obale.

Un autre hiver arriva et ils suivirent à nouveau de vieux sentiers lointains.

Prišla je še ena zima in spet so sledili šibkim, starim potem.

C'étaient les traces d'hommes qui les avaient cherchés bien avant eux.

To so bile poti mož, ki so iskali že dolgo pred njimi.

Un jour, ils trouvèrent un chemin creusé profondément dans la forêt sombre.

Nekoč so našli pot, ki je vrezana globoko v temen gozd.

C'était un vieux sentier, et ils sentaient que la cabane perdue était proche.

Bila je stara pot in menili so, da je izgubljena koča blizu.

Mais le sentier ne menait nulle part et s'enfonçait dans les bois épais.

Toda pot ni vodila nikamor in se je izgubljala v gostem gozdu.

Personne ne savait qui avait fait ce sentier et pourquoi.

Kdorkoli je naredil pot in zakaj jo je naredil, nihče ni vedel.

Plus tard, ils ont trouvé l'épave d'un lodge caché parmi les arbres.

Kasneje so med drevesi našli razbitine koče.

Des couvertures pourries gisaient éparpillées là où quelqu'un avait dormi.

Gnijoče odeje so ležale raztresene tam, kjer je nekoč nekdo spal.

John Thornton a trouvé un fusil à silex à long canon enterré à l'intérieur.

John Thornton je v notranjosti našel zakopano dolgocevno kremenčno puško.

Il savait qu'il s'agissait d'un fusil de la Baie d'Hudson depuis les premiers jours de son commerce.

Vedel je, da je to top iz Hudsonovega zaliva, še iz zgodnjih trgovskih dni.

À cette époque, ces armes étaient échangées contre des piles de peaux de castor.

V tistih časih so takšne puške menjali za kupe bobrovih kož.

C'était tout : il ne restait aucune trace de l'homme qui avait construit le lodge.

To je bilo vse – o človeku, ki je zgradil kočo, ni ostalo nobenega namiga.

Le printemps est revenu et ils n'ont trouvé aucun signe de la Cabane Perdue.

Pomlad je spet prišla in Izgubljene koče niso našli nobenega sledu.

Au lieu de cela, ils trouvèrent une large vallée avec un ruisseau peu profond.

Namesto tega so našli široko dolino s plitvim potokom.

L'or recouvrait le fond des casseroles comme du beurre jaune et lisse.

Zlato je ležalo na dnu ponve kot gladko, rumeno maslo.

Ils s'arrêtèrent là et ne cherchèrent plus la cabane.

Tam so se ustavili in niso več iskali koče.

Chaque jour, ils travaillaient et trouvaient des milliers de pièces d'or en poudre.

Vsak dan so delali in v zlatem prahu našli na tisoče.

Ils ont emballé l'or dans des sacs de peau d'élan, de cinquante livres chacun.

Zlato so pakirali v vreče iz losove kože, vsako po petdeset funtov.

Les sacs étaient empilés comme du bois de chauffage à l'extérieur de leur petite loge.

Vreče so bile zložene kot drva pred njihovo majhno kočo.

Ils travaillaient comme des géants et les jours passaient comme des rêves rapides.

Delali so kot velikani in dnevi so minevali kot hitre sanje.

Ils ont amassé des trésors au fil des jours sans fin.

Kopičili so zaklad, medtem ko so neskončni dnevi hitro minevali.

Les chiens n'avaient pas grand-chose à faire, à part transporter de la viande de temps en temps.

Psi niso imeli kaj dosti početi, razen da so občasno nosili meso.

Thornton chassait et tuait le gibier, et Buck restait allongé près du feu.

Thornton je lovil in ubijal divjad, Buck pa je ležal ob ognju.

Il a passé de longues heures en silence, perdu dans ses pensées et ses souvenirs.

Dolge ure je preživel v tišini, izgubljen v mislih in spominih.

L'image de l'homme poilu revenait de plus en plus souvent à l'esprit de Buck.

Podoba kosmatega moža se je Bucku vedno pogosteje porajala v mislih.

Maintenant que le travail se faisait rare, Buck rêvait en clignant des yeux devant le feu.

Zdaj, ko je bilo dela malo, je Buck sanjaril, medtem ko je mežikal proti ognju.

Dans ces rêves, Buck errait avec l'homme dans un autre monde.

V teh sanjah je Buck taval z moškim v drugem svetu.

La peur semblait être le sentiment le plus fort dans ce monde lointain.

Strah se je zdel najmočnejši občutek v tistem oddaljenem svetu.

Buck vit l'homme poilu dormir avec la tête baissée.

Buck je videl kosmatega moža, kako spi z nizko sklonjeno glavo.

Ses mains étaient jointes et son sommeil était agité et interrompu.

Roke je imel stisnjene, spanec pa nemiren in prekinjen.

Il se réveillait en sursaut et regardait avec crainte dans le noir.

Zbudil se je z grozo in prestrašeno strmel v temo.

Ensuite, il jetait plus de bois sur le feu pour garder la flamme vive.

Nato je na ogenj naložil še več drv, da je plamen ostal močan.

Parfois, ils marchaient le long d'une plage au bord d'une mer grise et infinie.

Včasih so se sprehajali po plaži ob sivem, neskončnem morju.

L'homme poilu ramassait des coquillages et les mangeait en marchant.

Kosmati mož je med hojo nabiral školjke in jih jedel.

Ses yeux cherchaient toujours des dangers cachés dans l'ombre.

Njegove oči so vedno iskale skrite nevarnosti v sencah.

Ses jambes étaient toujours prêtes à sprinter au premier signe de menace.

Njegove noge so bile vedno pripravljene na šprint ob prvem znaku grožnje.

Ils rampaient à travers la forêt, silencieux et méfiants, côte à côte.

Prikradla sta se skozi gozd, tiha in previdna, drug ob drugem.

Buck le suivit sur ses talons, et tous deux restèrent vigilants.

Buck mu je sledil za petami in oba sta ostala pozorna.

Leurs oreilles frémissaient et bougeaient, leurs nez reniflaient l'air.

Ušesa so se jim trzala in premikala, nosovi so vohali zrak.

L'homme pouvait entendre et sentir la forêt aussi intensément que Buck.

Moški je slišal in vohal gozd prav tako ostro kot Buck.

L'homme poilu se balançait à travers les arbres avec une vitesse soudaine.

Kosmati moški se je z nenadno hitrostjo zanihal med drevesi.

Il sautait de branche en branche, sans jamais lâcher prise.

Skakal je z veje na vejo in se nikoli ne zmotil.

Il se déplaçait aussi vite au-dessus du sol que sur celui-ci.

Premikal se je tako hitro nad tlemi kot po njih.

Buck se souvenait des longues nuits passées sous les arbres, à veiller.

Buck se je spominjal dolgih noči pod drevesi, ko je bil na straži.

L'homme dormait perché dans les branches, s'accrochant fermement.

Moški je spal skrit med vejami in se jih tesno oklepal.

Cette vision de l'homme poilu était étroitement liée à l'appel des profondeurs.

Ta vizija kosmatega moškega je bila tesno povezana z globokim klicem.

L'appel résonnait toujours à travers la forêt avec une force obsédante.

Klic je še vedno odmeval skozi gozd z grozljivo močjo.

L'appel remplit Buck de désir et d'un sentiment de joie incessant.

Klic je Bucka napolnil s hrepenenjem in nemirnim občutkom veselja.

Il ressentait d'étranges pulsions et des frémissements qu'il ne pouvait nommer.

Čutil je čudne vzgibe in vzgibe, ki jih ni mogel poimenovati.

Parfois, il suivait l'appel au plus profond des bois tranquilles.

Včasih je sledil klicu globoko v tihi gozd.

Il cherchait l'appel, aboyant doucement ou fort au fur et à mesure.

Iskal je klic, med potjo tiho ali ostro lajal.

Il renifla la mousse et la terre noire où poussaient les herbes.

Povohal je mah in črno zemljo, kjer so rasle trave.

Il renifla de plaisir aux riches odeurs de la terre profonde.

Od veselja je smrkal ob bogatih vonjavah globoke zemlje.

Il s'est accroupi pendant des heures derrière des troncs couverts de champignons.

Ure in ure se je skrival za debli, prekritimi z glivicami.

Il resta immobile, écoutant les yeux écarquillés chaque petit bruit.

Ostal je pri miru in z odprtimi očmi prisluhnil vsakemu, še tako majhnemu zvoku.

Il espérait peut-être surprendre la chose qui avait lancé l'appel.

Morda je upal, da bo presenetil tisto stvar, ki je poklicala.

Il ne savait pas pourquoi il agissait de cette façon, il le faisait simplement.

Ni vedel, zakaj je tako ravnal – preprosto je vedel.

Les pulsions venaient du plus profond de moi, au-delà de la pensée ou de la raison.

Vzgibi so prihajali globoko v sebi, onkraj misli ali razuma.

Des envies irrésistibles s'emparèrent de Buck sans avertissement ni raison.

Bucka so brez opozorila ali razloga prevzeli neustavljivi nagoni.

Parfois, il somnolait paresseusement dans le camp sous la chaleur de midi.

Včasih je lenobno dremal v taboru pod opoldansko vročino.

Soudain, sa tête se releva et ses oreilles se dressèrent en alerte.

Nenadoma je dvignil glavo in ušesa so mu bila napeta.

Puis il se leva d'un bond et se précipita dans la nature sans s'arrêter.

Nato je skočil pokonci in brez prestanka stekel v divjino.

Il a couru pendant des heures à travers les sentiers forestiers et les espaces ouverts.

Ure in ure je tekel po gozdnih poteh in odprtih prostorih.

Il aimait suivre les lits des ruisseaux asséchés et espionner les oiseaux dans les arbres.

Rad je sledil suhim strugam potokov in vohunil za pticami na drevesih.

Il pouvait rester caché toute la journée, à regarder les perdrix se pavaner.

Lahko bi ves dan ležal skrit in opazoval jerebice, ki so se sprehajale naokoli.

Ils tambourinaient et marchaient, inconscients de la présence de Buck.

Bobnali so in korakali, ne da bi se zavedali Buckove prisotnosti.

Mais ce qu'il aimait le plus, c'était courir au crépuscule en été.

Najbolj pa je imel rad tek v mraku poleti.

La faible lumière et les bruits endormis de la forêt le remplissaient de joie.

Pridušena svetloba in zaspani gozdni zvoki so ga napolnili z veseljem.

Il lisait les panneaux forestiers aussi clairement qu'un homme lit un livre.

Gozdne znake je bral tako jasno, kot človek bere knjigo.

Et il cherchait toujours la chose étrange qui l'appelait.

In vedno je iskal tisto čudno stvar, ki ga je klicala.

Cet appel ne s'est jamais arrêté : il l'atteignait qu'il soit éveillé ou endormi.

Ta klic ni nikoli prenehal – dosegel ga je buden ali speč.

Une nuit, il se réveilla en sursaut, les yeux perçants et les oreilles hautes.

Neke noči se je zbudil z ostrim pogledom in napetimi ušesi.

Ses narines se contractaient tandis que sa crinière se dressait en vagues.

Nozdrve so se mu trzale, ko se mu je griva naježila v valovih.

Du plus profond de la forêt, le son résonna à nouveau, le vieil appel.

Iz globin gozda se je spet zaslišal zvok, stari klic.

Cette fois, le son résonnait clairement, un hurlement long, obsédant et familier.

Tokrat je zvok odmeval jasno, dolgo, pretresljivo, znano zavijanje.

C'était comme le cri d'un husky, mais d'un ton étrange et sauvage.

Bilo je kot krik haskija, vendar nenavadnega in divjega tona.

Buck reconnut immédiatement le son – il avait entendu exactement le même son depuis longtemps.

Buck je zvok takoj prepoznal – natanko tak zvok je slišal že zdavnaj.

Il sauta à travers le camp et disparut rapidement dans les bois.

Skočil je skozi tabor in hitro izginil v gozdu.

Alors qu'il s'approchait du bruit, il ralentit et se déplaça avec précaution.

Ko se je bližal zvoku, je upočasnil in se premikal previdno.

Bientôt, il atteignit une clairière entre d'épais pins.

Kmalu je prišel do jase med gostimi borovci.

Là, debout sur ses pattes arrière, était assis un loup des bois grand et maigre.

Tam, pokonci na zadnjici, je sedel visok, suh gozdni volk.

Le nez du loup pointait vers le ciel, résonnant toujours de l'appel.

Volkov nos je bil usmerjen proti nebu in še vedno je odmeval klic.

Buck n'avait émis aucun son, mais le loup s'arrêta et écouta.

Buck ni izdal niti glasu, vendar se je volk ustavil in prisluhnil.

Sentant quelque chose, le loup se tendit, scrutant l'obscurité.

Volk je nekaj začutil, se je napel in preiskal temo.

Buck apparut en rampant, le corps bas, les pieds immobiles sur le sol.

Buck se je priplazil na vidiku, s telesom navzdol, z nogami mirno na tleh.

Sa queue était droite, son corps enroulé sous la tension.

Njegov rep je bil raven, telo pa tesno zvito od napetosti.

Il a montré à la fois une menace et une sorte d'amitié brutale.

Pokazal je tako grožnjo kot nekakšno grobo prijateljstvo.

C'était le salut prudent partagé par les bêtes sauvages.

To je bil previden pozdrav, ki si ga delijo divje zveri.

Mais le loup se retourna et s'enfuit dès qu'il vit Buck.

Toda volk se je obrnil in zbežal takoj, ko je zagledal Bucka.

Buck se lança à sa poursuite, sautant sauvagement, désireux de le rattraper.

Buck se je pognal v lov, divje skakal in ga želel prehiteti.

Il suivit le loup dans un ruisseau asséché bloqué par un embâcle.

Sledil je volku v suh potok, ki ga je zamašila lesena zastoja.

Acculé, le loup se retourna et tint bon.

Volk, stisnjen v kot, se je obrnil in obstal.

Le loup grognait et claquait comme un chien husky pris au piège dans un combat.

Volk je renčal in škripal kot ujeti haski v boju.

Les dents du loup claquaient rapidement, son corps se hérissant d'une fureur sauvage.

Volkovi zobje so hitro skočili, njegovo telo pa je ščetinasto jezno.

Buck n'attaqua pas mais encercla le loup avec une gentillesse prudente.

Buck ni napadel, ampak je volka previdno in prijazno obkrožil.

Il a essayé de bloquer sa fuite par des mouvements lents et inoffensifs.

S počasnimi, neškodljivimi gibi je poskušal preprečiti pobeg.

Le loup était méfiant et effrayé : Buck le dépassait trois fois.

Volk je bil previden in prestrašen – Buck ga je trikrat pretehtal.

La tête du loup atteignait à peine l'épaule massive de Buck.

Volčja glava je komaj segala do Buckove mogočne rame.

À l'affût d'une brèche, le loup s'est enfui et la poursuite a repris.

Volk je iskal vrzel, pobegnil in zasledovanje se je znova začelo.

Plusieurs fois, Buck l'a coincé et la danse s'est répétée.

Buck ga je večkrat stisnil v kot in ples se je ponovil.

Le loup était maigre et faible, sinon Buck n'aurait pas pu l'attraper.

Volk je bil suh in šibek, sicer ga Buck ne bi mogel ujeti.

Chaque fois que Buck s'approchait, le loup se retournait et lui faisait face avec peur.

Vsakič, ko se je Buck približal, se je volk obrnil in se mu v strahu postavil v oči.

Puis, à la première occasion, il s'est précipité dans les bois une fois de plus.

Nato je ob prvi priložnosti spet stekel v gozd.

Mais Buck n'a pas abandonné et finalement le loup a fini par lui faire confiance.

Toda Buck se ni vdal in volk mu je končno začel zaupati.

Il renifla le nez de Buck, et les deux devinrent joueurs et alertes.

Povohal je Buckov nos in oba sta postala igriva in pozorna.

Ils jouaient comme des animaux sauvages, féroces mais timides dans leur joie.

Igrali so se kot divje živali, divji, a hkrati sramežljivi v svojem veselju.

Au bout d'un moment, le loup s'éloigna au trot avec un calme déterminé.

Čez nekaj časa je volk mirno in odločno odkorakal stran.

Il a clairement montré à Buck qu'il voulait être suivi.

Bucku je jasno pokazal, da mu namerava slediti.

Ils couraient côte à côte dans l'obscurité du crépuscule.

Tekla sta drug ob drugem skozi mrak.

Ils suivirent le lit du ruisseau jusqu'à la gorge rocheuse.

Sledili so strugi potoka navzgor v skalnato sotesko.

Ils traversèrent une ligne de partage des eaux froide où le ruisseau avait pris sa source.

Prečkala sta hladno pregrado, kjer se je potok začel.

Sur la pente la plus éloignée, ils trouvèrent une vaste forêt et de nombreux ruisseaux.

Na skrajnem pobočju so našli širok gozd in veliko potokov.

À travers ce vaste territoire, ils ont couru pendant des heures sans s'arrêter.

Skozi to prostrano deželo so ure in ure tekli brez postanka.

Le soleil se leva plus haut, l'air devint chaud, mais ils continuèrent à courir.

Sonce se je dvignilo višje, zrak se je ogrel, a so tekli naprej.

Buck était rempli de joie : il savait qu'il répondait à son appel.

Bucka je preplavilo veselje – vedel je, da odgovarja na svoj klic.

Il courut à côté de son frère de la forêt, plus près de la source de l'appel.

Tekel je poleg svojega gozdnega brata, bližje viru klica.

De vieux sentiments sont revenus, puissants et difficiles à ignorer.

Stari občutki so se vrnili, močni in težko jih je bilo prezreti.

C'étaient les vérités derrière les souvenirs de ses rêves.

To so bile resnice, ki so se skrivale za spomini iz njegovih sanj.

Il avait déjà fait tout cela auparavant, dans un monde lointain et obscur.

Vse to je že počel v oddaljenem in senčnem svetu.

Il recommença alors, courant librement avec le ciel ouvert au-dessus.

Zdaj je to storil spet, divje je tekel pod odprtim nebom nad seboj.

Ils s'arrêtèrent près d'un ruisseau pour boire l'eau froide qui coulait.

Ustavili so se ob potoku, da bi se napili hladne tekoče vode.

Alors qu'il buvait, Buck se souvint soudain de John Thornton.

Medtem ko je pil, se je Buck nenadoma spomnil Johna Thorntona.

Il s'assit en silence, déchiré par l'attrait de la loyauté et de l'appel.

Tiho je sedel, razdiran od privlačnosti zvestobe in poklica.

Le loup continua à trotter, mais revint pour pousser Buck à avancer.

Volk je tekel naprej, a se je vrnil, da bi spodbudil Bucka naprej.

Il renifla son nez et essaya de le cajoler avec des gestes doux.

Povohal je nos in ga poskušal prepričati z nežnimi kretnjami.

Mais Buck se retourna et reprit le chemin par lequel il était venu.

Toda Buck se je obrnil in se odpravil nazaj po isti poti, kot je prišel.

Le loup courut à côté de lui pendant un long moment, gémissant doucement.

Volk je dolgo tekel ob njem in tiho cvilil.

Puis il s'assit, leva le nez et poussa un long hurlement.

Nato se je usedel, dvignil nos in dolgo zavpil.

C'était un cri lugubre, qui s'adoucit à mesure que Buck s'éloignait.

Bil je žalosten krik, ki se je omehčal, ko je Buck odhajal.

Buck écouta le son du cri s'estomper lentement dans le silence de la forêt.

Buck je poslušal, kako je zvok krika počasi izginjal v gozdni tišini.

John Thornton était en train de dîner lorsque Buck a fait irruption dans le camp.

John Thornton je večerjal, ko je Buck vdrl v tabor.

Buck sauta sauvagement sur lui, le léchant, le mordant et le faisant culbuter.

Buck je divje skočil nanj, ga lizajoč, grizejoč in prevračajoč.

Il l'a renversé, s'est hissé dessus et l'a embrassé sur le visage.

Zvrnil ga je, splezal nanj in ga poljubil na obraz.

Thornton appelait cela avec affection « jouer le fou du commun ».

Thornton je to z naklonjenostjo poimenoval »igranje splošnega norca«.

Pendant tout ce temps, il maudissait doucement Buck et le secouait d'avant en arrière.

Ves čas je nežno preklinjal Bucka in ga stresal sem ter tja.

Pendant deux jours et deux nuits entières, Buck n'a pas quitté le camp une seule fois.

Dva cela dneva in noči Buck ni niti enkrat zapustil tabora.

Il est resté proche de Thornton et ne l'a jamais quitté des yeux.

Ostal je blizu Thorntona in ga ni nikoli spustil izpred oči.

Il le suivait pendant qu'il travaillait et le regardait pendant qu'il mangeait.

Sledil mu je med delom in ga opazoval med jedjo.

Il voyait Thornton dans ses couvertures la nuit et dehors chaque matin.

Thorntona je ponoči spremljal v odejah in vsako jutro zunaj.

Mais bientôt l'appel de la forêt revint, plus fort que jamais.

Toda kmalu se je gozdni klic vrnil, glasnejši kot kdaj koli prej.

Buck devint à nouveau agité, agité par les pensées du loup sauvage.

Buck je spet postal nemiren, prebuden od misli na divjega volka.

Il se souvenait de la terre ouverte et de la course côte à côte.

Spomnil se je odprte pokrajine in teka drug ob drugem.

Il commença à errer à nouveau dans la forêt, seul et alerte.

Spet se je začel sprehajati po gozdu, sam in buden.

Mais le frère sauvage ne revint pas et le hurlement ne fut pas entendu.

Toda divji brat se ni vrnil in zavijanja ni bilo slišati.

Buck a commencé à dormir dehors, restant absent pendant des jours.

Buck je začel spati zunaj in se je več dni izogibal.

Une fois, il traversa la haute ligne de partage des eaux où le ruisseau commençait.

Nekoč je prečkal visok razvod, kjer se je začel potok.

Il entra dans le pays des bois sombres et des larges ruisseaux.

Vstopil je v deželo temnega gozda in široko tekočih potokov.

Pendant une semaine, il a erré, à la recherche de signes de son frère sauvage.

Teden dni je taval in iskal znake divjega brata.

Il tuait sa propre viande et voyageait à grands pas, sans relâche.

Ubil je svoje meso in potoval z dolgimi, neutrudnimi koraki.

Il pêchait le saumon dans une large rivière qui se jetait dans la mer.

Lososa je lovil v široki reki, ki je segala v morje.

Là, il combattit et tua un ours noir rendu fou par les insectes.

Tam se je boril in ubil črnega medveda, ki ga je razjezila žuželka.

L'ours était en train de pêcher et courait aveuglément à travers les arbres.

Medved je lovil ribe in je slepo tekel med drevesi.

La bataille fut féroce, réveillant le profond esprit combatif de Buck.

Bitka je bila huda in je prebudila Buckov globok borbeni duh.

Deux jours plus tard, Buck est revenu et a trouvé des carcajous près de sa proie.

Dva dni kasneje se je Buck vrnil in pri svojem plenu našel volkodlake.

Une douzaine d'entre eux se disputaient la viande avec une fureur bruyante.

Ducat se jih je v glasni besu prepiralo zaradi mesa.

Buck chargea et les dispersa comme des feuilles dans le vent.

Buck je planil in jih raztresel kot listje v vetru.

Deux loups restèrent derrière, silencieux, sans vie et immobiles pour toujours.

Dva volka sta ostala zadaj – tiha, brez življenja in za vedno negibna.

La soif de sang était plus forte que jamais.

Žeja po krvi je bila močnejša kot kdaj koli prej.

Buck était un chasseur, un tueur, se nourrissant de créatures vivantes.

Buck je bil lovec, morilec, ki se je hranil z živimi bitji.

Il a survécu seul, en s'appuyant sur sa force et ses sens aiguisés.

Preživel je sam, zanašal se je na svojo moč in ostre čute.

Il prospérait dans la nature, où seuls les plus résistants pouvaient vivre.

Uspeval je v divjini, kjer so lahko živeli le najtrdoživejši.

De là, une grande fierté s'éleva et remplit tout l'être de Buck.

Iz tega se je dvignil velik ponos in napolnil celotno Buckovo bitje.

Sa fierté se reflétait dans chacun de ses pas, dans le mouvement de chacun de ses muscles.

Njegov ponos se je kazal v vsakem koraku, v valovanju vsake mišice.

Sa fierté était aussi claire qu'un discours, visible dans la façon dont il se comportait.

Njegov ponos je bil jasen kot beseda, kar se je videlo v tem, kako se je obnašal.

Même son épais pelage semblait plus majestueux et brillait davantage.

Celo njegov debel kožuh je bil videti bolj veličasten in se je svetleje lesketal.

Buck aurait pu être confondu avec un loup géant.

Bucka bi lahko zamenjali za velikanskega gozdnega volka.

À l'exception du brun sur son museau et des taches au-dessus de ses yeux.

Razen rjave barve na gobcu in lis nad očmi.

Et la traînée de fourrure blanche qui courait au milieu de sa poitrine.

In bela dlaka, ki se je raztezala po sredini njegovih prsi.

Il était encore plus grand que le plus grand loup de cette race féroce.

Bil je celo večji od največjega volka te divje pasme.

Son père, un Saint-Bernard, lui a donné de la taille et une ossature lourde.

Njegov oče, bernard, mu je dal velikost in težko postavo.

Sa mère, une bergère, a façonné cette masse en forme de loup.

Njegova mati, pastirica, je to maso oblikovala v volčjo obliko.

Il avait le long museau d'un loup, bien que plus lourd et plus large.

Imel je dolg volčji gobec, čeprav težji in širši.

Sa tête était celle d'un loup, mais construite à une échelle massive et majestueuse.

Njegova glava je bila volčja, vendar masivna, veličastna.

La ruse de Buck était la ruse du loup et de la nature.

Buckova zvitost je bila zvitost volka in divjine.

Son intelligence lui vient à la fois du berger allemand et du Saint-Bernard.

Njegova inteligenca je izvirala tako od nemškega ovčarja kot od bernardinca.

Tout cela, ajouté à une expérience difficile, faisait de lui une créature redoutable.

Vse to, skupaj s težkimi izkušnjami, ga je naredilo za strašljivo bitje.

Il était aussi redoutable que n'importe quelle bête qui parcourait les régions sauvages du nord.

Bil je tako mogočen kot katera koli zver, ki je tavala po severni divjini.

Ne se nourrissant que de viande, Buck a atteint le sommet de sa force.

Živel je samo od mesa in dosegel vrhunec svoje moči.

Il débordait de puissance et de force masculine dans chaque fibre de son être.

V vsakem vlaknu je prekipeval od moči in moške sile.

Lorsque Thornton lui caressait le dos, ses poils brillaient d'énergie.

Ko ga je Thornton pogladil po hrbtu, so se mu dlake zaiskrile od energije.

Chaque cheveu crépitait, chargé du contact du magnétisme vivant.

Vsak las je prasketal, nabit z dotikom živega magnetizma.

Son corps et son cerveau étaient réglés sur le ton le plus fin possible.

Njegovo telo in možgani so bili uglašeni na najfinejši možen ton.

Chaque nerf, chaque fibre et chaque muscle fonctionnaient en parfaite harmonie.

Vsak živec, vlakno in mišica je delovala v popolni harmoniji.

À tout son ou toute vue nécessitant une action, il répondait instantanément.

Na vsak zvok ali prizor, ki je zahteval ukrepanje, se je odzval takoj.

Si un husky sautait pour attaquer, Buck pouvait sauter deux fois plus vite.

Če bi haski skočil v napad, bi Buck lahko skočil dvakrat hitreje.

Il a réagi plus vite que les autres ne pouvaient le voir ou l'entendre.

Odzval se je hitreje, kot so ga drugi sploh lahko videli ali slišali.

La perception, la décision et l'action se sont produites en un seul instant fluide.

Zaznavanje, odločitev in dejanje so se zgodili v enem samem tekočem trenutku.

En vérité, ces actes étaient distincts, mais trop rapides pour être remarqués.

V resnici so bila ta dejanja ločena, vendar prehitra, da bi jih opazili.

Les intervalles entre ces actes étaient si brefs qu'ils semblaient n'en faire qu'un.

Presledki med temi dejanji so bili tako kratki, da so se zdeli kot eno.

Ses muscles et son être étaient comme des ressorts étroitement enroulés.

Njegove mišice in bitje so bili kot tesno napete vzmeti.

Son corps débordait de vie, sauvage et joyeux dans sa puissance.

Njegovo telo je kipelo od življenja, divje in radostno v svoji moči.

Parfois, il avait l'impression que la force allait jaillir de lui entièrement.

Včasih se mu je zdelo, kot da ga bo ta sila povsem izpustila.

« Il n'y a jamais eu un tel chien », a déclaré Thornton un jour tranquille.

»Nikoli ni bilo takega psa,« je nekega mirnega dne rekel Thornton.

Les partenaires regardaient Buck sortir fièrement du camp.

Partnerja sta opazovala Bucka, ki je ponosno korakal iz tabora.

« Lorsqu'il a été créé, il a changé ce que pouvait être un chien », a déclaré Pete.

"Ko je bil ustvarjen, je spremenil, kaj pes lahko je," je dejal Pete.

« Par Jésus ! Je le pense moi-même », acquiesça rapidement Hans.

„Pri Jezusu! Tudi jaz tako mislim," se je Hans hitro strinjal.

Ils l'ont vu s'éloigner, mais pas le changement qui s'est produit après.

Videli so ga oditi, ne pa tudi spremembe, ki je prišla zatem.

Dès qu'il est entré dans les bois, Buck s'est complètement transformé.

Takoj ko je vstopil v gozd, se je Buck popolnoma preobrazil.

Il ne marchait plus, mais se déplaçait comme un fantôme sauvage parmi les arbres.

Ni več korakal, ampak se je premikal kot divji duh med drevesi.

Il devint silencieux, les pieds comme un chat, une lueur traversant les ombres.

Postal je tih, mačje noge so se premikale, kot blisk, ki je švignil skozi sence.

Il utilisait la couverture avec habileté, rampant sur le ventre comme un serpent.

Spretno se je skrival in se plazil po trebuhu kot kača.

Et comme un serpent, il pouvait bondir en avant et frapper en silence.

In kot kača je lahko skočil naprej in udaril v tišini.

Il pourrait voler un lagopède directement dans son nid caché.

Lahko bi ukradel belorepo naravnost iz njenega skritega gnezda.

Il a tué des lapins endormis sans un seul bruit.

Speče zajce je ubil brez enega samega glasu.

Il pouvait attraper des tamias en plein vol alors qu'ils fuyaient trop lentement.

Veverice je lahko ujel v zraku, saj so bežale prepočasi.

Même les poissons dans les bassins ne pouvaient échapper à ses attaques soudaines.

Celo ribe v tolmunih se niso mogle izogniti njegovim nenadnim napadom.

Même les castors astucieux qui réparaient les barrages n'étaient pas à l'abri de lui.

Niti pametni bobri, ki so popravljali jezove, niso bili varni pred njim.

Il tuait pour se nourrir, pas pour le plaisir, mais il préférait tuer ses propres victimes.

Ubijal je za hrano, ne za zabavo – a najraje je ubijal sam.

Pourtant, un humour sournois traversait certaines de ses chasses silencieuses.

Vseeno pa je skozi nekatere njegove tihe love prežemal pridih pretkanega humorja.

Il s'est approché des écureuils, mais les a laissés s'échapper.

Priplazil se je blizu veveric, le da bi jih pustil pobegniti.

Ils allaient fuir vers les arbres, bavardant dans une rage effrayée.

Zbežali so med drevesa in se prestrašeno in besno klepetali.

À l'arrivée de l'automne, les orignaux ont commencé à apparaître en plus grand nombre.

Z nastopom jeseni so se losi začeli pojavljati v večjem številu.

Ils se sont déplacés lentement vers les basses vallées pour affronter l'hiver.

Počasi so se premikali v nizke doline, da bi pričakali zimo.

Buck avait déjà abattu un jeune veau errant.

Buck je že uplenil enega mladega, potepuškega teliča.

Mais il aspirait à affronter des proies plus grandes et plus dangereuses.

Vendar si je hrepenel po soočenju z večjim, nevarnejšim plenom.

Un jour, à la ligne de partage des eaux, à la tête du ruisseau, il trouva sa chance.

Nekega dne na razvodju, na izviru potoka, je našel svojo priložnost.

Un troupeau de vingt orignaux avait traversé des terres boisées.
Čreda dvajsetih losov je prečkala gozdnate predele.
Parmi eux se trouvait un puissant taureau, le chef du groupe.
Med njimi je bil mogočen bik; vodja skupine.
Le taureau mesurait plus de six pieds de haut et avait l'air féroce et sauvage.
Bik je bil visok več kot šest metrov in je bil videti divji in divji.
Il lança ses larges bois, quatorze pointes se ramifiant vers l'extérieur.
Vrgel je svoje široke rogove, ki so se razvejali navzven s štirinajstimi konicami.
Les extrémités de ces bois s'étendaient sur sept pieds de large.
Konice teh rogov so se raztezale dva metra v širino.
Ses petits yeux brûlaient de rage lorsqu'il aperçut Buck à proximité.
Njegove majhne oči so gorele od besa, ko je v bližini opazil Bucka.
Il poussa un rugissement furieux, tremblant de fureur et de douleur.
Izpustil je besen rjoveč glas, trepetajoč od besa in bolečine.
Une pointe de flèche sortait près de son flanc, empennée et pointue.
Blizu njegovega boka je štrlela konica puščice, pernata in ostra.
Cette blessure a contribué à expliquer son humeur sauvage et amère.
Ta rana je pomagala razložiti njegovo divje, zagrenjeno razpoloženje.
Buck, guidé par un ancien instinct de chasseur, a fait son mouvement.
Buck, voden od starodavnega lovskega nagona, je naredil svojo potezo.
Son objectif était de séparer le taureau du reste du troupeau.
Njegov cilj je bil ločiti bika od preostale črede.
Ce n'était pas une tâche facile : il fallait de la rapidité et une ruse féroce.

To ni bila lahka naloga – zahtevala je hitrost in izjemno zvitost.

Il aboyait et dansait près du taureau, juste hors de portée.

Lajal je in plesal blizu bika, tik izven dosega.

L'élan s'est précipité avec d'énormes sabots et des bois mortels.

Los se je pognal z ogromnimi kopiti in smrtonosnimi rogovji.

Un seul coup aurait pu mettre fin à la vie de Buck en un clin d'œil.

En sam udarec bi lahko Buckovo življenje končal v trenutku.

Incapable de laisser la menace derrière lui, le taureau devint fou.

Bik se ni mogel znebiti grožnje in je postal besen.

Il chargea avec fureur, mais Buck s'échappa toujours.

V besu je planil, a Buck se je vedno izmuznil.

Buck simula une faiblesse, l'attirant plus loin du troupeau.

Buck se je pretvarjal, da je slab, in ga zvabil dlje od črede.

Mais les jeunes taureaux allaient charger pour protéger le leader.

Toda mladi biki so se nameravali vrniti v napad, da bi zaščitili vodjo.

Ils ont forcé Buck à battre en retraite et le taureau à rejoindre le groupe.

Prisilili so Bucka, da se umakne, bika pa, da se ponovno pridruži skupini.

Il y a une patience dans la nature, profonde et imparable.

V divjini obstaja potrpežljivost, globoka in neustavljiva.

Une araignée attend immobile dans sa toile pendant d'innombrables heures.

Pajek negibno čaka v svoji mreži nešteto ur.

Un serpent s'enroule sans tressaillement et attend que son heure soit venue.

Kača se zvije brez trzanja in čaka, da pride čas.

Une panthère se tient en embuscade, jusqu'à ce que le moment arrive.

Panter preži v zasedi, dokler ne pride pravi trenutek.

C'est la patience des prédateurs qui chassent pour survivre.

To je potrpežljivost plenilcev, ki lovijo, da bi preživeli.

Cette même patience brûlait à l'intérieur de Buck alors qu'il restait proche.

Ista potrpežljivost je gorela v Bucku, ko je ostal blizu.

Il resta près du troupeau, ralentissant sa marche et suscitant la peur.

Ostal je blizu črede, upočasnjeval njen korak in vzbujal strah.

Il taquinait les jeunes taureaux et harcelait les vaches mères.

Dražil je mlade bike in nadlegoval krave matere.

Il a plongé le taureau blessé dans une rage encore plus profonde et impuissante.

Ranjenega bika je spravil v še globljo, nemočno jezo.

Pendant une demi-journée, le combat s'est prolongé sans aucun répit.

Pol dneva se je boj vlekel brez počitka.

Buck attaquait sous tous les angles, rapide et féroce comme le vent.

Buck je napadel z vseh strani, hiter in divji kot veter.

Il a empêché le taureau de se reposer ou de se cacher avec son troupeau.

Preprečeval je biku, da bi se počival ali skrival s svojo čredo.

Le cerf a épuisé la volonté de l'élan plus vite que son corps.

Buck je losovo voljo izčrpal hitreje kot njegovo telo.

La journée passa et le soleil se coucha bas dans le ciel du nord-ouest.

Dan je minil in sonce je nizko zašlo na severozahodnem nebu.

Les jeunes taureaux revinrent plus lentement pour aider leur chef.

Mladi biki so se počasneje vračali, da bi pomagali svojemu vodji.

Les nuits d'automne étaient revenues et l'obscurité durait désormais six heures.

Jesenske noči so se vrnile in tema je zdaj trajala šest ur.

L'hiver les poussait vers des vallées plus sûres et plus chaudes.

Zima jih je gnala navzdol v varnejše, toplejše doline.

Mais ils ne pouvaient toujours pas échapper au chasseur qui les retenait.

Vendar še vedno niso mogli pobegniti lovcu, ki jih je zadrževal.

Une seule vie était en jeu : pas celle du troupeau, mais celle de leur chef.

Na kocki je bilo samo eno življenje – ne življenje črede, ampak le življenje njihovega vodje.

Cela rendait la menace lointaine et non leur préoccupation urgente.

Zaradi tega je bila grožnja oddaljena in ni bila njihova nujna skrb.

Au fil du temps, ils ont accepté ce prix et ont laissé Buck prendre le vieux taureau.

Sčasoma so sprejeli to ceno in pustili Bucku, da vzame starega bika.

Alors que le crépuscule s'installait, le vieux taureau se tenait debout, la tête baissée.

Ko se je spustil mrak, je stari bik stal s sklonjeno glavo.

Il regarda le troupeau qu'il avait conduit disparaître dans la lumière déclinante.

Gledal je, kako čreda, ki jo je vodil, izginja v bledeči svetlobi.

Il y avait des vaches qu'il avait connues, des veaux qu'il avait autrefois engendrés.

Bile so krave, ki jih je poznal, teleta, katerih oče je bil nekoč.

Il y avait des taureaux plus jeunes qu'il avait combattus et dominés au cours des saisons précédentes.

V preteklih sezonah se je boril in vladal z mlajšimi biki.

Il ne pouvait pas les suivre, car Buck était à nouveau accroupi devant lui.

Ni jim mogel slediti – pred njim se je spet sklanjal Buck.

La terreur impitoyable aux crocs bloquait tous les chemins qu'il pouvait emprunter.

Neusmiljena groza z zobmi mu je blokirala vsako pot, ki bi jo lahko ubral.

Le taureau pesait plus de trois cents livres de puissance dense.

Bik je tehtal več kot tristo kilogramov goste moči.

Il avait vécu longtemps et s'était battu avec acharnement dans un monde de luttes.

Živel je dolgo in se trdo boril v svetu bojev.

Mais maintenant, à la fin, la mort venait d'une bête bien en dessous de lui.

Pa vendar je zdaj, na koncu, smrt prišla od zveri, ki je bila daleč pod njim.

La tête de Buck n'atteignait même pas les énormes genoux noueux du taureau.

Buckova glava se ni dvignila niti do bikovih ogromnih, s členki prekrižanih kolen.

À partir de ce moment, Buck resta avec le taureau nuit et jour.

Od tistega trenutka naprej je Buck ostal z bikom noč in dan.

Il ne lui a jamais laissé de repos, ne lui a jamais permis de brouter ou de boire.

Nikoli mu ni dal počitka, nikoli mu ni dovolil pasti ali piti.

Le taureau a essayé de manger de jeunes pousses de bouleau et des feuilles de saule.

Bik je poskušal jesti mlade brezove poganjke in vrbove liste.

Mais Buck le repoussa, toujours alerte et toujours attaquant.

Toda Buck ga je odgnal, vedno pozoren in vedno napadajoč.

Même dans les ruisseaux qui ruisselaient, Buck bloquait toute tentative assoiffée.

Tudi ob tekočih potokih je Buck blokiral vsak žejni poskus.

Parfois, par désespoir, le taureau s'enfuyait à toute vitesse.

Včasih je bik v obupu zbežal s polno hitrostjo.

Buck le laissa courir, galopant calmement juste derrière, jamais très loin.

Buck ga je pustil teči, mirno je tekel tik za njim, nikoli preveč daleč.

Lorsque l'élan s'arrêta, Buck s'allongea, mais resta prêt.

Ko se je los ustavil, se je Buck ulegel, a ostal pripravljen.

Si le taureau essayait de manger ou de boire, Buck frappait avec une fureur totale.

Če je bik poskušal jesti ali piti, je Buck udaril z vso jezo.

La grosse tête du taureau s'affaissait sous ses vastes bois.

Bikova velika glava se je pod ogromnimi rogovi povesila še nižje.

Son rythme ralentit, le trot devint lourd, une marche trébuchante.

Njegov tempo se je upočasnil, kas je postal težak; spotikajoča se hoja.

Il restait souvent immobile, les oreilles tombantes et le nez au sol.

Pogosto je stal pri miru s povešenimi ušesi in smrčkom do tal.

Pendant ces moments-là, Buck prenait le temps de boire et de se reposer.

V teh trenutkih si je Buck vzel čas za pijačo in počitek.

La langue tirée, les yeux fixés, Buck sentait que la terre était en train de changer.

Z iztegnjenim jezikom in uprtim pogledom je Buck čutil, da se dežela spreminja.

Il sentit quelque chose de nouveau se déplacer dans la forêt et dans le ciel.

Čutil je nekaj novega, kako se premika skozi gozd in nebo.

Avec le retour des orignaux, d'autres créatures sauvages ont fait de même.

Ko so se vrnili losi, so se vrnila tudi druga divja bitja.

La terre semblait vivante, avec une présence invisible mais fortement connue.

Dežela je bila živa od prisotnosti, nevidna, a močno znana.

Ce n'était ni par l'ouïe, ni par la vue, ni par l'odorat que Buck le savait.

Buck tega ni vedel ne po zvoku, ne po vidu, ne po vonju.

Un sentiment plus profond lui disait que de nouvelles forces étaient en mouvement.

Globlji čut mu je govoril, da se premikajo nove sile.

Une vie étrange s'agitait dans les bois et le long des ruisseaux.

Čudno življenje se je prebijalo po gozdovih in ob potokih.

Il a décidé d'explorer cet esprit, une fois la chasse terminée.

Odločil se je, da bo po končanem lovu raziskal tega duha.

Le quatrième jour, Buck a finalement abattu l'élan.

Četrti dan je Buck končno ujel losa.

Il est resté près de la proie pendant une journée et une nuit entières, se nourrissant et se reposant.

Cel dan in noč je ostal ob plenu, se hranil in počival.

Il mangea, puis dormit, puis mangea à nouveau, jusqu'à ce qu'il soit fort et rassasié.

Jedel je, nato spal, nato spet jedel, dokler ni bil močan in sit.

Lorsqu'il fut prêt, il retourna vers le camp et Thornton.

Ko je bil pripravljen, se je obrnil nazaj proti taboru in Thorntonu.

D'un pas régulier, il commença le long voyage de retour vers la maison.

Z enakomernim tempom se je podal na dolgo pot domov.

Il courait d'un pas infatigable, heure après heure, sans jamais s'égarer.

Tekel je v svojem neutrudnem skakanju, uro za uro, nikoli ne skrenil z poti.

À travers des terres inconnues, il se déplaçait droit comme l'aiguille d'une boussole.

Skozi neznane dežele se je gibal naravnost kot igla kompasa.

Son sens de l'orientation faisait paraître l'homme et la carte faibles en comparaison.

Njegov občutek za orientacijo je v primerjavi z njim delal človeka in zemljevid šibka.

Tandis que Buck courait, il sentait plus fortement l'agitation dans la terre sauvage.

Ko je Buck tekel, je močneje čutil gibanje v divjini.

C'était un nouveau genre de vie, différent de celui des mois calmes de l'été.

Bilo je novo življenje, drugačno od tistega v mirnih poletnih mesecih.

Ce sentiment n'était plus un message subtil ou distant.

Ta občutek ni več prihajal kot subtilno ali oddaljeno sporočilo.

Maintenant, les oiseaux parlaient de cette vie et les écureuils en bavardaient.

Zdaj so ptice govorile o tem življenju, veverice pa so klepetale o njem.

Même la brise murmurait des avertissements à travers les arbres silencieux.

Celo vetrič je šepetal opozorila skozi tiha drevesa.

Il s'arrêta à plusieurs reprises et respira l'air frais du matin.

Nekajkrat se je ustavil in povohal svež jutranji zrak.

Il y lut un message qui le fit bondir plus vite en avant.

Tam je prebral sporočilo, zaradi katerega je hitreje skočil naprej.

Un lourd sentiment de danger l'envahit, comme si quelque chose s'était mal passé.

Preplavil ga je močan občutek nevarnosti, kot da bi šlo nekaj narobe.

Il craignait qu'une catastrophe ne se produise – ou ne soit déjà arrivée.

Bal se je, da prihaja nesreča – ali pa je že prišla.

Il franchit la dernière crête et entra dans la vallée en contrebas.

Prečkal je zadnji greben in vstopil v dolino spodaj.

Il se déplaçait plus lentement, alerte et prudent à chaque pas.

Premikal se je počasneje, pozoren in previden z vsakim korakom.

À trois milles de là, il trouva une piste fraîche qui le fit se raidir.

Tri milje stran je našel svežo sled, ki ga je otrdela.

Les cheveux le long de son cou ondulaient et se hérissaient d'alarme.

Dlake vzdolž njegovega vratu so se naježile in nakostrile od prestrašenosti.

Le sentier menait directement au camp où Thornton attendait.

Pot je vodila naravnost proti taboru, kjer je čakal Thornton.

Buck se déplaçait désormais plus rapidement, sa foulée à la fois silencieuse et rapide.

Buck se je zdaj premikal hitreje, njegov korak je bil hkrati tih in hiter.

Ses nerfs se sont resserrés lorsqu'il a lu des signes que d'autres allaient manquer.

Živci so se mu napeli, ko je prebral znake, ki jih bodo drugi spregledali.

Chaque détail du sentier racontait une histoire, sauf le dernier morceau.

Vsaka podrobnost na poti je pripovedovala zgodbo – razen zadnjega dela.

Son nez lui parlait de la vie qui s'était déroulée ici.

Njegov nos mu je pripovedoval o življenju, ki je minilo to pot.

L'odeur lui donnait une image changeante alors qu'il le suivait de près.

Vonj mu je dal spreminjajočo se sliko, ko mu je sledil tesno za hrbtom.

Mais la forêt elle-même était devenue silencieuse, anormalement immobile.

Toda gozd sam je utihnil; nenaravno miren.

Les oiseaux avaient disparu, les écureuils étaient cachés, silencieux et immobiles.

Ptice so izginile, veverice so bile skrite, tihe in mirne.

Il n'a vu qu'un seul écureuil gris, allongé sur un arbre mort.

Videl je samo eno sivo veverico, ki je ležala na mrtvem drevesu.

L'écureuil se fondait dans la masse, raide et immobile comme une partie de la forêt.

Veverica se je zlila z nami, toga in negibna kot del gozda.

Buck se déplaçait comme une ombre, silencieux et sûr à travers les arbres.

Buck se je premikal kot senca, tiho in samozavestno skozi drevesa.

Son nez se souleva sur le côté comme s'il était tiré par une main invisible.

Njegov nos se je sunkovito nagnil vstran, kot bi ga potegnila nevidna roka.

Il se retourna et suivit la nouvelle odeur jusqu'au plus profond d'un fourré.

Obrnil se je in sledil novemu vonju globoko v goščavo.

Là, il trouva Nig, étendu mort, transpercé par une flèche.

Tam je našel Niga, ki je ležal mrtev, preboden s puščico.

La flèche traversa son corps, laissant encore apparaître ses plumes.

Strela je prešla skozi njegovo telo, perje je bilo še vedno vidno.

Nig s'était traîné jusqu'ici, mais il était mort avant d'avoir pu obtenir de l'aide.

Nig se je tja privlekel, a je umrl, preden je prišel na pomoč.

Une centaine de mètres plus loin, Buck trouva un autre chien de traîneau.

Sto metrov naprej je Buck našel še enega vlečnega psa.

C'était un chien que Thornton avait racheté à Dawson City.

Bil je pes, ki ga je Thornton kupil v Dawson Cityju.

Le chien était en proie à une lutte à mort, se débattant violemment sur le sentier.

Pes se je boril na smrt in se močno prebijal po poti.

Buck le contourna sans s'arrêter, les yeux fixés devant lui.

Buck je šel okoli njega, se ni ustavil, z očmi, uprtimi predse.

Du côté du camp venait un chant lointain et rythmé.

Iz smeri tabora se je slišalo oddaljeno, ritmično petje.

Les voix s'élevaient et retombaient sur un ton étrange, inquiétant et chantant.

Glasovi so se dvigovali in spuščali v nenavadnem, srhljivem, pojočem tonu.

Buck rampa jusqu'au bord de la clairière en silence.

Buck se je molče plazil naprej do roba jase.

Là, il vit Hans étendu face contre terre, percé de nombreuses flèches.

Tam je zagledal Hansa, ki je ležal z obrazom navzdol, preboden s številnimi puščicami.

Son corps ressemblait à celui d'un porc-épic, hérissé de plumes.

Njegovo telo je bilo videti kot ježevec, poln pernatih dlak.

Au même moment, Buck regarda vers le pavillon en ruine.

V istem trenutku je Buck pogledal proti porušeni koči.

Cette vue lui fit dresser les cheveux sur la nuque et les épaules.

Ob pogledu se mu je naježil las na vratu in ramenih.

Une tempête de rage sauvage parcourut tout le corps de Buck.

Bucka je preplavil izbruh divje jeze.

Il grogna à haute voix, même s'il ne savait pas qu'il l'avait fait.

Glasno je zarenčal, čeprav tega ni vedel.

Le son était brut, rempli d'une fureur terrifiante et sauvage.

Zvok je bil surov, poln grozljive, divje jeze.

Pour la dernière fois de sa vie, Buck a perdu la raison au profit de l'émotion.

Buck je zadnjič v življenju izgubil razum za čustva.

C'est l'amour pour John Thornton qui a brisé son contrôle minutieux.

Ljubezen do Johna Thorntona je bila tista, ki je zlomila njegov skrbni nadzor.

Les Yeehats dansaient autour de la hutte en épicéa détruite.

Yeehati so plesali okoli porušene smrekove koče.

Puis un rugissement retentit et une bête inconnue chargea vers eux.

Nato se je zaslišalo rjovenje – in neznana zver se je pognala proti njim.

C'était Buck ; une fureur en mouvement ; une tempête vivante de vengeance.

Bil je Buck; bes v gibanju; živa nevihta maščevanja.

Il se jeta au milieu d'eux, fou du besoin de tuer.

Vrgel se je mednje, nor od potrebe po ubijanju.

Il sauta sur le premier homme, le chef Yeehat, et frappa juste.

Skočil je na prvega moža, poglavarja Yeehatov, in udaril naravnost v polno.

Sa gorge fut déchirée et du sang jaillit à flots.

Grlo mu je bilo raztrgano in kri je brizgala v curku.

Buck ne s'arrêta pas, mais déchira la gorge de l'homme suivant d'un seul bond.

Buck se ni ustavil, ampak je z enim skokom pretrgal grlo naslednjemu moškemu.

Il était inarrêtable : il déchirait, taillait, ne s'arrêtait jamais pour se reposer.

Bil je neustavljiv – trgal je, sekal in se nikoli ni ustavil, da bi počival.

Il s'élança et bondit si vite que leurs flèches ne purent l'atteindre.

Tako hitro je skočil in poskočil, da ga njihove puščice niso mogle doseči.

Les Yeehats étaient pris dans leur propre panique et confusion.

Yeehate je ujela lastna panika in zmeda.

Leurs flèches manquèrent Buck et se frappèrent l'une l'autre à la place.

Njune puščice so zgrešile Bucka in namesto tega zadele druga drugo.

Un jeune homme a lancé une lance sur Buck et a touché un autre homme.

Neki mladenič je vrgel sulico v Bucka in zadel drugega moškega.

La lance lui transperça la poitrine, la pointe lui transperçant le dos.

Sulica mu je zadela prsi, konica pa mu je prebila hrbet.

La terreur s'empara des Yeehats et ils se mirent en retraite.

Yeehate je preplavil groza in so se začeli popolnoma umikati.

Ils crièrent à l'Esprit Maléfique et s'enfuirent dans les ombres de la forêt.

Zakričali so zaradi zlega duha in zbežali v gozdne sence.

Vraiment, Buck était comme un démon alors qu'il poursuivait les Yeehats.

Resnično, Buck je bil kot demon, ko je preganjal Yeehatse.

Il les poursuivit à travers la forêt, les faisant tomber comme des cerfs.

Drvel je za njimi skozi gozd in jih podiral na tla kakor jelene.

Ce fut un jour de destin et de terreur pour les Yeehats effrayés.

Za prestrašene Yeehate je postal dan usode in groze.

Ils se dispersèrent à travers le pays, fuyant au loin dans toutes les directions.

Razkropili so se po deželi in bežali daleč na vse strani.

Une semaine entière s'est écoulée avant que les derniers survivants ne se retrouvent dans une vallée.

Minil je cel teden, preden so se zadnji preživeli srečali v dolini.

Ce n'est qu'alors qu'ils ont compté leurs pertes et parlé de ce qui s'était passé.

Šele nato so prešteli svoje izgube in spregovorili o tem, kaj se je zgodilo.

Buck, après s'être lassé de la chasse, retourna au camp en ruine.

Buck se je, potem ko se je navelIčal zasledovanja, vrnil v porušen tabor.

Il a trouvé Pete, toujours dans ses couvertures, tué lors de la première attaque.

Peta je našel ubitega v prvem napadu, še vedno v odejah.

Les signes du dernier combat de Thornton étaient marqués dans la terre à proximité.

Sledi Thorntonovega zadnjega boja so bili vidni v bližnji umazaniji.

Buck a suivi chaque trace, reniflant chaque marque jusqu'à un point final.

Buck je sledil vsaki sledi in jo vohal do končne točke.

Au bord d'un bassin profond, il trouva le fidèle Skeet, allongé immobile.

Na robu globokega tolmuna je našel zvestega Skeeta, ki je mirno ležal.

La tête et les pattes avant de Skeet étaient dans l'eau, immobiles dans la mort.

Skeetova glava in sprednje šape so bile v vodi, negibne kot smrt.

La piscine était boueuse et contaminée par les eaux de ruissellement provenant des écluses.

Bazen je bil blaten in onesnažen z odtokom iz zapornic.

Sa surface nuageuse cachait ce qui se trouvait en dessous, mais Buck connaissait la vérité.

Njegova oblačna površina je skrivala, kar je ležalo spodaj, toda Buck je poznal resnico.

Il a suivi l'odeur de Thornton dans la piscine, mais l'odeur ne menait nulle part ailleurs.

Sledil je Thorntonovemu vonju v bazen – toda vonj ga ni vodil nikamor drugam.

Aucune odeur ne menait à l'extérieur, seulement le silence des eaux profondes.

Noben vonj ni vodil ven – le tišina globoke vode.

Toute la journée, Buck resta près de la piscine, arpentant le camp avec chagrin.

Ves dan je Buck ostal blizu tolmuna in žalosten hodil po taboru.

Il errait sans cesse ou restait assis, immobile, perdu dans ses pensées.

Nemirno je taval ali pa je sedel v tišini, zatopljen v težke misli.

Il connaissait la mort, la fin de la vie, la disparition de tout mouvement.

Poznal je smrt; konec življenja; izginotje vsega gibanja.

Il comprit que John Thornton était parti et ne reviendrait jamais.

Razumel je, da je John Thornton odšel in se ne bo nikoli vrnil.

La perte a laissé en lui un vide qui palpitait comme la faim.

Izguba je v njem pustila prazen prostor, ki je utripal kot lakota.

Mais c'était une faim que la nourriture ne pouvait apaiser, peu importe la quantité qu'il mangeait.

Ampak to je bila lakota, ki je hrana ni mogla potešiti, ne glede na to, koliko jo je pojedel.

Parfois, alors qu'il regardait les Yeehats morts, la douleur s'estompait.

Včasih je bolečina popustila, ko je pogledal mrtve Yeehate.

Et puis une étrange fierté monta en lui, féroce et complète.

In potem se je v njem dvignil čuden ponos, silovit in popoln.

Il avait tué l'homme, le gibier le plus élevé et le plus dangereux de tous.

Ubil je človeka, kar je bila najvišja in najnevarnejša igra od vseh.

Il avait tué au mépris de l'ancienne loi du gourdin et des crocs.

Ubijal je v nasprotju s starodavnim zakonom palice in zob.

Buck renifla leurs corps sans vie, curieux et pensif.

Buck je radoveden in zamišljen ovohal njihova neživega telesa.

Ils étaient morts si facilement, bien plus facilement qu'un husky dans un combat.

Tako zlahka so umrli – veliko lažje kot haski v boju.

Sans leurs armes, ils n'avaient aucune véritable force ni menace.

Brez orožja niso imeli ne prave moči ne grožnje.

Buck n'aurait plus jamais peur d'eux, à moins qu'ils ne soient armés.

Buck se jih ne bo nikoli več bal, razen če bodo oboroženi.

Ce n'est que lorsqu'ils portaient des gourdins, des lances ou des flèches qu'il se méfiait.

Le če so nosili kije, sulice ali puščice, je bil previden.

La nuit tomba et une pleine lune se leva au-dessus de la cime des arbres.

Padla je noč in polna luna se je dvignila visoko nad vrhovi dreves.

La pâle lumière de la lune baignait la terre d'une douce lueur fantomatique, comme le jour.

Bleda lunina svetloba je obsijala zemljo z mehkim, duhovitim sijem, podobnim dnevu.

Alors que la nuit s'approfondissait, Buck pleurait toujours au bord de la piscine silencieuse.

Ko se je noč zgostila, je Buck še vedno žaloval ob tihem tolmunu.

Puis il prit conscience d'un autre mouvement dans la forêt.

Potem je zaznal drugačno gibanje v gozdu.

L'agitation ne venait pas des Yeehats, mais de quelque chose de plus ancien et de plus profond.

Vznemirjenje ni prihajalo od Yeehatov, temveč od nečesa starejšega in globljega.

Il se leva, les oreilles dressées, le nez testant la brise avec précaution.

Vstal je, privzdignil ušesa in previdno z nosom preizkusil vetrič.

De loin, un cri faible et aigu perça le silence.

Od daleč se je zaslišal rahel, oster krik, ki je prerezal tišino.

Puis un chœur de cris similaires suivit de près le premier.

Nato se je tik za prvim zaslišal zbor podobnih krikov.

Le bruit se rapprochait, devenant plus fort à chaque instant qui passait.

Zvok se je bližal in z vsakim trenutkom postajal glasnejši.

Buck connaissait ce cri : il venait de cet autre monde dans sa mémoire.

Buck je poznal ta krik – prihajal je iz tistega drugega sveta v njegovem spominu.

Il se dirigea vers le centre de l'espace ouvert et écouta attentivement.

Stopil je do središča odprtega prostora in pozorno prisluhnil.

L'appel retentit, multiple et plus puissant que jamais.

Klic se je razlegel, mnogoglasen in močnejši kot kdaj koli prej.

Et maintenant, plus que jamais, Buck était prêt à répondre à son appel.

In zdaj, bolj kot kdaj koli prej, je bil Buck pripravljen odgovoriti na svoj klic.

John Thornton était mort et il ne lui restait plus aucun lien avec l'homme.

John Thornton je bil mrtev in v njem ni ostalo nobene vezi s človekom.

L'homme et toutes ses prétentions avaient disparu : il était enfin libre.

Človek in vse človeške zahteve so izginile – končno je bil svoboden.

La meute de loups chassait de la viande comme les Yeehats l'avaient fait autrefois.

Volčji krdelo je lovilo meso, tako kot so to nekoč počeli Yeehati.

Ils avaient suivi les orignaux depuis les terres boisées.

Sledili so losom iz gozdnatih območij.

Maintenant, sauvages et affamés de proies, ils traversèrent sa vallée.

Zdaj so, divji in lačni plena, prečkali njegovo dolino.

Ils arrivèrent dans la clairière éclairée par la lune, coulant comme de l'eau argentée.

Prišli so na mesečino obsijano jaso, tekoči kot srebrna voda.

Buck se tenait immobile au centre, les attendant.

Buck je negibno stal na sredini in jih čakal.

Sa présence calme et imposante a stupéfié la meute et l'a plongée dans un bref silence.

Njegova mirna, velika prisotnost je osupnila krdelo v kratek molk.

Alors le loup le plus audacieux sauta droit sur lui sans hésitation.

Nato je najdrznejši volk brez oklevanja skočil naravnost vanj.

Buck frappa vite et brisa le cou du loup d'un seul coup.

Buck je udaril hitro in z enim samim udarcem zlomil volku vrat.

Il resta immobile à nouveau tandis que le loup mourant se tordait derrière lui.

Spet je negibno stal, ko se je umirajoči volk zvil za njim.

Trois autres loups ont attaqué rapidement, l'un après l'autre.

Še trije volkovi so hitro napadli, drug za drugim.

Chacun d'eux s'est retiré en sang, la gorge ou les épaules tranchées.

Vsak se je umaknil krvaveč, s prerezanim grlom ali rameni.

Cela a suffi à déclencher une charge sauvage de toute la meute.

To je bilo dovolj, da je celoten trop sprožil divji napad.

Ils se précipitèrent ensemble, trop impatients et trop nombreux pour bien frapper.

Skupaj so planili noter, preveč zagnani in natrpani, da bi dobro udarili.

La vitesse et l'habileté de Buck lui ont permis de rester en tête de l'attaque.

Buckova hitrost in spretnost sta mu omogočila, da je ostal pred napadom.

Il tournait sur ses pattes arrière, claquant et frappant dans toutes les directions.

Vrtel se je na zadnjih nogah, škljajal in udarjal v vse smeri.

Pour les loups, cela donnait l'impression que sa défense ne s'était jamais ouverte ou n'avait jamais faibli.

Volkovom se je zdelo, kot da se njegova obramba nikoli ni odprla ali omahovala.

Il s'est retourné et a frappé si vite qu'ils ne pouvaient pas passer derrière lui.

Obrnil se je in tako hitro zamahnil, da mu niso mogli za hrbet.

Néanmoins, leur nombre l'obligea à céder du terrain et à reculer.

Kljub temu ga je njihovo število prisililo, da je popustil in se umaknil.

Il passa devant la piscine et descendit dans le lit rocheux du ruisseau.

Premaknil se je mimo tolmuna in se spustil v skalnato strugo potoka.

Là, il se heurta à un talus abrupt de gravier et de terre.

Tam je naletel na strm breg, poln gramoza in zemlje.

Il s'est retrouvé coincé dans un coin coupé lors des fouilles des mineurs.

Med starim kopanjem rudarjev se je zaril v kotni rez.

Désormais protégé sur trois côtés, Buck ne faisait face qu'au loup de devant.

Zdaj, zaščiten s treh strani, se je Buck soočal le s sprednjim volkom.

Là, il se tenait à distance, prêt pour la prochaine vague d'assaut.

Tam je stal na varni razdalji, pripravljen na naslednji val napada.

Buck a tenu bon si farouchement que les loups ont reculé.

Buck je tako vztrajno vztrajal, da so se volkovi umaknili.

Au bout d'une demi-heure, ils étaient épuisés et visiblement vaincus.

Po pol ure so bili izčrpani in vidno poraženi.

Leurs langues pendaient, leurs crocs blancs brillaient au clair de lune.

Njihovi jeziki so viseli, njihovi beli zobje so se lesketali v mesečini.

Certains loups se sont couchés, la tête levée, les oreilles dressées vers Buck.

Nekaj volkov je leglo, dvignjenih glav in ušesa, napeta proti Bucku.

D'autres restaient immobiles, vigilants et observant chacun de ses mouvements.

Drugi so stali pri miru, pozorni in opazovali vsak njegov gib.

Quelques-uns se sont dirigés vers la piscine et ont bu de l'eau froide.

Nekaj jih je odšlo do bazena in si napilo hladne vode.

Puis un loup gris, long et maigre, s'avança doucement.

Nato se je dolg, suh siv volk nežno priplazil naprej.

Buck le reconnut : c'était le frère sauvage de tout à l'heure.

Buck ga je prepoznal – bil je tisti divji brat od prej.

Le loup gris gémit doucement, et Buck répondit par un gémissement.

Sivi volk je tiho cvilil, Buck pa je odgovoril s cviljenjem.

Ils se touchèrent le nez, tranquillement et sans menace ni peur.

Dotaknila sta se nosov, tiho in brez grožnje ali strahu.

Ensuite est arrivé un loup plus âgé, maigre et marqué par de nombreuses batailles.

Sledil je starejši volk, shujšan in brazgotinjen od številnih bitk.

Buck commença à grogner, mais s'arrêta et renifla le nez du vieux loup.

Buck je začel renčati, a se je ustavil in povohal starega volka skozi nos.

Le vieux s'assit, leva le nez et hurla à la lune.

Starec se je usedel, dvignil nos in zavil v luno.

Le reste de la meute s'assit et se joignit au long hurlement.

Preostali del krdela se je usedel in se pridružil dolgemu tuljenju.

Et maintenant, l'appel est venu à Buck, indubitable et fort.

In zdaj je Buck zaslišal klic, nedvoumen in močan.

Il s'assit, leva la tête et hurla avec les autres.

Sedel je, dvignil glavo in zavpil skupaj z drugimi.

Lorsque les hurlements ont cessé, Buck est sorti de son abri rocheux.

Ko je tuljenje ponehalo, je Buck stopil iz svojega skalnatega zavetja.

La meute se referma autour de lui, reniflant à la fois gentiment et avec prudence.

Krdelo se je stisnilo okoli njega in prijazno in previdno ovohavalo.

Les chefs ont alors poussé un cri et se sont précipités dans la forêt.

Nato so vodje kriknili in stekli v gozd.

Les autres loups suivirent, hurlant en chœur, sauvages et rapides dans la nuit.

Drugi volkovi so jim sledili in v noči divje in hitro cvilili v zboru.

Buck courait avec eux, à côté de son frère sauvage, hurlant en courant.

Buck je tekel z njimi, poleg svojega divjega brata, in med tekom tulil.

Ici, l'histoire de Buck fait bien de se terminer.

Tukaj se zgodba o Bucku dobro konča.

Dans les années qui suivirent, les Yeehats remarquèrent d'étranges loups.

V naslednjih letih so Yeehati opazili čudne volkove.

Certains avaient du brun sur la tête et le museau, du blanc sur la poitrine.

Nekateri so imeli rjavo barvo na glavi in gobcu, belo na prsih.

Mais plus encore, ils craignaient une silhouette fantomatique parmi les loups.

Še bolj pa so se bali duhovne postave med volkovi.

Ils parlaient à voix basse du Chien Fantôme, chef de la meute.

Šepetaje so govorili o duhovnem psu, vodji krdela.

Ce chien fantôme était plus rusé que le plus audacieux des chasseurs Yeehat.

Ta pes duhov je bil bolj zvit kot najdrznejši lovec Yeehat.

Le chien fantôme a volé dans les camps en plein hiver et a déchiré leurs pièges.

Pes duh je sredi zime kradel iz taborišč in jim raztrgal pasti.

Le chien fantôme a tué leurs chiens et a échappé à leurs flèches sans laisser de trace.

Pes duh je ubil njihove pse in brez sledu pobegnil pred njihovimi puščicami.

Même leurs guerriers les plus courageux craignaient d'affronter cet esprit sauvage.

Celo njihovi najpogumnejši bojevniki so se bali soočiti s tem divjim duhom.

Non, l'histoire devient encore plus sombre à mesure que les années passent dans la nature.

Ne, zgodba postaja še temnejša, ko leta minevajo v divjini.

Certains chasseurs disparaissent et ne reviennent jamais dans leurs camps éloignés.

Nekateri lovci izginejo in se nikoli več ne vrnejo v svoje oddaljene tabore.

D'autres sont retrouvés la gorge arrachée, tués dans la neige.

Druge najdejo z raztrganimi grli, pobite v snegu.

Autour de leur corps se trouvent des traces plus grandes que celles que n'importe quel loup pourrait laisser.

Okoli njihovih teles so sledi – večje od tistih, ki bi jih lahko naredil kateri koli volk.

Chaque automne, les Yeehats suivent la piste de l'élan.

Vsako jesen Yeehati sledijo losu.

Mais ils évitent une vallée avec la peur profondément gravée dans leur cœur.

Vendar se eni dolini izogibajo s strahom, globoko vrezanim v njihova srca.

Ils disent que la vallée a été choisie par l'Esprit du Mal pour y vivre.

Pravijo, da si je dolino za svoj dom izbral Zli duh.

Et quand l'histoire est racontée, certaines femmes pleurent près du feu.

In ko se zgodba pripoveduje, nekatere ženske jokajo ob ognju.

Mais en été, un visiteur vient dans cette vallée tranquille et sacrée.

Toda poleti pride v tisto tiho, sveto dolino en obiskovalec.

Les Yeehats ne le connaissent pas et ne peuvent pas le comprendre.

Yeehati ga ne poznajo in ga tudi ne morejo razumeti.

Le loup est un grand loup, revêtu de gloire, comme aucun autre de son espèce.

Volk je velik, s slavo v dlaki, kakršnega ni v njegovi vrsti.

Lui seul traverse le bois vert et entre dans la clairière de la forêt.

Sam prečka zelen gozd in vstopi na gozdno jaso.

Là, la poussière dorée des sacs en peau d'élan s'infiltre dans le sol.

Tam se zlati prah iz vreč iz losove kože pronica v zemljo.

L'herbe et les vieilles feuilles ont caché le jaune du soleil.

Trava in staro listje sta skrila rumeno barvo pred soncem.

Ici, le loup se tient en silence, réfléchissant et se souvenant.

Tukaj volk stoji v tišini, razmišlja in se spominja.

Il hurle une fois, longuement et tristement, avant de se retourner pour partir.

Enkrat zavije – dolgo in žalostno – preden se obrne, da odide.

Mais il n'est pas toujours seul au pays du froid et de la neige.

Vendar ni vedno sam v deželi mraza in snega.

Quand les longues nuits d'hiver descendent sur les basses vallées.

Ko se dolge zimske noči spustijo na spodnje doline.

Quand les loups suivent le gibier à travers le clair de lune et le gel.

Ko volkovi sledijo divjadi skozi mesečino in zmrzal.

Puis il court en tête du peloton, sautant haut et sauvagement.
Nato steče na čelu krdela, visoko in divje skače.
Sa silhouette domine les autres, sa gorge est animée par le chant.
Njegova postava se dviga nad drugimi, njegovo grlo živo od pesmi.
C'est le chant du monde plus jeune, la voix de la meute.
To je pesem mlajšega sveta, glas krdela.
Il chante en courant, fort, libre et toujours sauvage.
Med tekom poje – močan, svoboden in večno divji.